甲骨 金文 小篆
书法速查手册

广东省江门五邑炎黄文化研究会　编

U0134215

中国书籍出版社
China Book Press

图书在版编目（CIP）数据

甲骨金文小篆书法速查手册 / 广东省江门五邑炎黄
文化研究会编. -- 北京：中国书籍出版社, 2022.5
ISBN 978-7-5068-9037-3

Ⅰ.①甲… Ⅱ.①广… Ⅲ.①汉字—字典 Ⅳ.
①H163

中国版本图书馆CIP数据核字（2022）第093852号

甲骨金文小篆书法速查手册

广东省江门五邑炎黄文化研究会　编

责任编辑： 王志刚　刘　娜
责任印制： 孙马飞　马　芝
封面设计： 伍碧菲
出版发行： 中国书籍出版社
地　　址： 北京市丰台区三路居路97号（邮编：100073）
电　　话：（010）52257143（总编室）　　（010）52257153（发行部）
电子邮箱： chinabp@vip.sina.com
经　　销： 全国新华书店
印　　刷： 三河市祥达印刷包装有限公司
开　　本： 710毫米×1000毫米　1/16
字　　数： 350千字
印　　张： 22.5
版　　次： 2022年5月第1版　2022年7月第1次印刷
书　　号： ISBN 978-7-5068-9037-3
定　　价： 88.00元

内容提要

　　中国书法系中国汉字特有的一种传统艺术，为汉族独创，汉字特有的一种传统艺术，为汉族独创，被誉为"无言的诗""无行的舞""无图的画"和"无声的乐"。古汉字书法凝结了中国古代劳动人民和先哲的思想光辉，是中华民族智慧的结晶。值当今中华优秀传统文化复兴之际，许多书法爱好者对先秦的古汉字书法产生了浓厚兴趣，纷纷研习探索。《甲骨金文小篆书法速查手册》是广东省江门五邑炎黄文化研究会旨在紧跟时代，集体研究攻关古汉字书法艺术，为方便包括青少年在内的书法爱好者研习书法技艺而编写出版的社科研究成果，对青少年和书法爱好者及书法研究者学习、研究古汉字书法艺术，具有一定的参考价值。

编委会成员

书写者简介

　　李光启，江门五邑炎黄文化研究会副会长，甲骨文、金文、小篆书法家。1951年5月出生。汉族，1975年于武汉理工大学就读船舶机械专业，1978年毕业。先后进入交通系统教育部门和中共江门市委办公室工作，历任校长、科长、处级调研员等职，2011年退休。1986年曾被交通部授予"全国交通教育先进教师"称号。自幼博览群书，喜爱书法，20世纪70年代开始对先秦汉字及甲骨文、金文、小篆书法进行研习，并有所成。为增长见闻，足迹遍布全球各大洲，以及全国各省、市、自治区。其创作的甲骨文、金文、小篆书法作品先后在广州、香港、澳门、珠海、中山、江门、阳江等地书法作品展览会展出，见诸报刊并获奖。

弘扬汉字书法艺术 促进传统文化振兴

（序一）

中华炎黄文化研究会副会长 任大援

　　收到广东省江门五邑炎黄文化研究会寄来的汉字书法研究新作《甲骨金文小篆书法速查手册》，我感到喜出望外，同时也在意料之中。喜出望外的是，江门的老朋友们又有新的研究成果问世；意料之中的是，锐意进取的江门人，努力必有所获，实至必得名归。

　　汉字与书法，是中华传统文化的瑰宝，也是其两个重要的相关门类。《甲骨金文小篆书法速查手册》这部书将二者结合起来，以文字变化为基础，着眼于书法艺术，是一个很好的研究切入点。这样既可以避免一些纯文字学学术方面的困扰，又为书法爱好者的学习和检索提供了一种简明实用的读本，满足了他们的亟需。对于普通读者而言，也可以把这本书作为了解中华文字起源与发展变化的一个初阶入门读本。在这个意义上，这部书又具有学术性。除此之外，这部书还有一个特点，就是具有简明性与大众性，它按照《新华字典》的部首排列，具有检索方便的特点。有了上述特色，这部书的出版价值也就凸显出来。我们相信，它出版后一定会受到读者的欢迎。

　　中国传统文化，博大精深，从哪个角度入手攻关，才能取得最佳的成效，达到弘扬的目的？这是要有前提、有方法的，也就是说，对于一个以弘扬中华优秀传统文化为己任的民间学术团体而言，既要考虑自己成员学术力量的实际和条件，也要考虑社会大众的需要，寻找那些能够攻克难关而可以获得成果、又能够满足社会大众实际文化需求、可以取得社会效益的课题，是很有必要的。多年来，江门五邑炎黄文化研究会一贯重视中华优秀传统文化的学习、研究和宣传，成果卓著。特别具有代表性的是，他们自1997年创办的文化综合性刊物《炎黄天地》（季刊），已经公开发行了100多期。2008年5月，经国家新闻出版署批准为国内外公开发行的广东省正式侨刊，2010年2月，即被中国文字博物馆收藏，至今已成为中国文字博物馆、中国华侨历史博物馆和广东省中山图书馆馆藏期刊。在推出第100期纸质本之后，2020年又推出电子杂志和微信公众号平台，顺应了计算机网络技术和新媒体平台的历史发展趋势。这个例子说明，江门五邑炎黄文化研究会研究基础雄厚、注重继承与创新，把握了弘扬优秀传统文化的一个重要原则和方法。只有勇于创新，才能不断发展，这一点特别值得称道。

江门五邑享有"中国第一侨乡"的美誉，是有着悠久历史文化传统的地方，古有陈献章，近有梁启超、陈垣、司徒美堂等，都是垂范古今的人物。事实上，不论是在文化领域、还是在科技、艺术等领域，江门都以人才辈出而著称岭南，享誉海内外。这个文化地理特点的形成，得力于历史上的江门学者，自陈献章以来，都具有艰苦力学、独立思考的学风特色。这种特色，流传至今，不断被后人发扬光大。《甲骨金文小篆书法速查手册》一书的出版，再次证明这一点。我从熟悉的江门朋友那里，听到过本书的书写者李光启先生的事迹，他数十年如一日，搜集资料、走南闯北而不倦，观摩调研，达到废寝忘食的地步，令人钦佩。

我同江门的朋友们神交有年。这次他们寄来样书，嘱我写几句话，我理当应命不辞，但是我既不懂文字学，也不懂书法艺术，只能从门外汉的角度谈一点观感，表达对他们成果的祝贺，并答谢他们的好意。

2022年5月1日

传承优秀传统文化　普及古汉字书法艺术

（序二）

江门五邑炎黄文化研究会会长　林锦清

　　中国古汉字，是指汉朝之前流行的甲骨文、金文、小篆（秦篆）。古汉字之起源，相传从结绳、刻契、八卦开始。《周易·系辞下传》云："上古结绳而治，后世圣人易之以书契。"《尚书序》曰："古者伏羲氏之王天下，始画八卦，造书契，以代结绳之政，由是文籍生焉。"《说文解字·序》称："黄帝之史仓颉，见鸟兽蹄迒之迹，知分理之可相别异也，初造书契。"后来考古发现古汉字源远流长，在半坡、临潼、龙山、良渚、大汶口挖掘出大量陶文，在殷墟（商朝都城遗址）先后出土15万片甲骨文，证实中国古汉字诞生已有数千年历史。

　　殷商时期的甲骨文是现知中国最早的成熟古汉字，其后发展为西、东周时期的金文，秦朝时期的小篆（秦篆）。古汉字从甲骨文到小篆，经历了从图形文字向形声文字的发展轨迹。这些古汉字，已具备了汉字书法的用笔、结字和章法三个基本要素。

　　甲骨文盛行于殷商，刻在龟甲、兽骨上，用于卜辞占卜。其特点是：书写工具为石器，笔法有粗细、轻重、疾徐的变化，下笔轻而疾，行笔粗而重，收笔快而捷，具有一定的节奏感。笔画转折处方圆皆有，方者动峭，圆者柔润，结体随体异形，任其自然。其章法大小不一，方圆多异，长扁随形，错落多姿而又和谐统一。

　　金文产生于殷商，兴盛于周朝，是在铜器上铸刻的文字，因古人称铜为金，故后人谓之金文。金文的特点是：较之于甲骨文更为粗壮有力，字体瘦长，笔道遒劲雄美，行笔疏密有致，结构严谨，情势凝重，各有风韵。专家归纳金文大致有两种风格：一种是笔势雄健，形体丰腴，笔画起止多露锋芒，间有肥笔；另一种是运笔有力，形体瘦筋，笔画多挺直，不露或少露锋芒。

小篆是秦朝推行"字同文，车同轨"后，在春秋战国流行的金文、大篆基础上创立的字体。小篆的特点是：笔画横平竖直，圆劲均匀，粗细基本一致，横竖等距平行，笔画以圆为主，圆起圆收，方中寓圆，圆中有方，使转圆活。结构上紧下松，上半部占据主体，下半部形成伸缩垂脚。

甲骨文、金文、小篆所组成的中国古汉字历史，是中国书法艺术史的史前阶段，它推动了古汉字作为语言符号与书法艺术载体的双重演进。先秦古汉字的演变，为中国汉字书法艺术的诞生，提供了充分的积淀、酝酿和准备。没有古汉字的书写实践基础，就没有当今的汉字，就没有隶书、楷书、行书、草书等书法艺术，更产生不了李斯、钟繇、颜真卿、王羲之、欧阳询、张旭、米芾、柳公权、赵孟頫等彪炳史册的大书法家。

中国书法是中国汉字特有的一种传统艺术。广义上的书法，是按照文字特点及其含义，以其书体笔法、结构和章法书写，使之成为富有美感的艺术作品的一种文字美的艺术表现形式；就狭义而言，书法是用毛笔书写汉字的方法和规律，包括执笔、运笔、点画、结构、布局（分布、行次、章法）等内容。汉字书法为汉族独创的表现艺术，"中国画与书法为缘，而多含文学之趣味"（蔡元培《图画》），因此，被誉为"无言的诗""无行的舞""无图的画"和"无声的乐"。

古汉字书法凝结了中国古代劳动人民和先哲的思想光辉，是中华民族智慧的结晶。值当今实施中华优秀传统文化传承发展工程和全面复兴传统文化重大国策之际，许多包括青少年在内的书法爱好者对先秦的古汉字书法产生了浓厚兴趣，纷纷研习探索。2018年12月，教育部办公厅公布绍兴文理学院为"中华优秀传统文化（书法）"传承基地；2021年4月29日，中华人民共和国教育部又决定成立教育部中国书法教育指导委员会，以推动书法艺术的繁荣和发展。

作为文化研究团体，广东省江门五邑炎黄文化研究会以传承和弘扬中华优秀传统文化、联络海内外乡亲和华侨华人，实现中华民族伟大复兴中国梦为使命，其中之一便是在会员群众和包括青少年在内的书法爱好者中推广、普及中国传统书法艺术。为了紧跟时代的发展，方便书法爱好者学习和练习书法艺术，本研究会决定组织本会书法家和书法爱好者深入开展研究，编撰这本《甲骨金文小篆书法速查手册》，供书法爱好者研习古汉字书法作参考。

《甲骨金文小篆书法速查手册》的出版，是本研究会集体研究攻关的成果，其中学术带头人是该书主编李光启先生，书内的甲骨文、金文、小篆均系其手书。李光启先生研习古汉字书法40多年，弱冠负笈荆楚，偶遇同窗出示并解读甲骨文印帖，被先贤古朴雅拙的古汉字书风所吸引，欣喜异常，心摹手追，立志步先哲之高躅，于是，博览相关书籍，向名师求教，广集古汉字碑帖拓片，推敲临摹不辍，几达废寝忘食。先生喜远足，朝游华岳，暮宿泰山，非为娱游山水，只为观摩临摹圣哲手迹。每至一地必参观博物馆，凡甲骨文、钟鼎文、小篆碑刻等古汉字展览实物，反复揣摩，流连忘返。经长期临摹练习，先生的古汉字书法日趋成熟老练，本书即为其长期研习书法的心血结晶。

在本书的编写过程中，得到编委会全体同志的具体指导，特别是得到田少华、李永安、李孔成、冯锦麟、陈晓松、梁坤焕等先生的鼎力支持，特此致谢！

由于资料与学识所限，加上编撰时间仓促，本书难免存有缺陷，望古文字书法专家和读者不吝赐教。聊述数言，谨以为序。

2022年4月13日

目　录

弘扬汉字书法艺术　促进传统文化振兴（序一）…………任大援　1

传承中国优秀传统文化　普及古汉字书法艺术（序二）……林锦清　3

《甲骨金文小篆书法速查手册》说明 ………………………………8

部首目录 ……………………………………………………………9

部首检字表（按《新华字典》第12版排序）……………………12

古今汉字对照书法　………………………………………………1

附：汉字部首古今对照书法 …………………………………268

《甲骨金文小篆书法速查手册》说明

一、甲骨文是刻在龟甲或兽骨上的文字，于1899年年被金石学家黄懿荣在中药"龙骨"上发现。经专家的整理归纳，甲骨文单字约有5000个，已考证破译的有1300多个。

金文是铸在或刻在青铜器上的文字。据容庚《金文篇》记载，金文字数有3722个，可辨认的有2420个。

小篆是秦始皇统一中国后颁布"书同文"所使用的文字。小篆的文字已经比较丰富了。

二、本书是目前唯一将最新版本《新华字典》（2020年7月第12版）全部共8514个汉字（未含繁体字、异体字）与古代小篆、金文、甲骨文对照的书法速查手册，三种古汉字合计25542个字，是迄今收录古汉字最多的书法参考书。

三、对应《新华字典》，现使用的不少汉字在远古时代还未出现，不少远古时代的新造古字是后人所编造的，现已为约定俗成了，其余与《新华字典》还未有对应的古字，本书亦予以新造，称之为新古字。它们是编写者通过阅览龟壳上的甲骨文拓片、青铜器上的金文拓片以及古碑文上的小篆拓片以及参考各类书籍，并根据当时的造字风格、部首偏旁的使用情况而新造的。在新造与《新华字典》相对应的古字过程中，编写者力求做到尽可能编造得合情合理，使之有一定的根据。

四、本书以《新华字典》的部首笔划检字表（21—120页）为依据排序。凡《新华字典》不收录的汉字，本书亦不予编入。

五、凡在各类字典、刊物、互联网等均查找不到的古汉字，而在本书中出现，基本上是由编写者新造，只是一己之见，有错难免，仅供参考。

部首目录

[说明] 1. 本表采用的部首依据《汉字部首表》，共201部；归部依据《GB13000.1 字符集汉字部首归部规范》；编排次序依据《GB13000.1 字符集汉字笔顺规范》和《GB13000.1 字符集汉字字序（笔画序）规范》，按笔画数由少到多顺序排列，同画数的，按起笔笔形横（一）、竖（丨）、撇（丿）、点（丶）、折（一）顺序排列，第一笔相同的，按第二笔，依次类推。2. 在《部首目录》中，主部首的左边标有部首序号；附形部首大多加圆括号单立，其左边的部首序号加有方括号。3. 在《部首检字表》中，繁体字和异体字加有圆括号；同部首的字按除去部首笔画以外的画数排列；对于本身也是部首的字，放在该部首之下最前面。4. 查字时，需先在《部首目录》里查出待查字所属部首的页码，然后再查《部首检字表》。

（部首左边的号码是部首序号；右边的号码指《检字表》的页码。）

1画

1	一	12
2	丨	12
3	丿	13
4	丶	13
5	一（丁乛 乚乙）	13

2画

6	十	13
7	厂	13
8	匚	14
[9]	（卜）	14
[22]	（刂）	18
9	卜	14
10	冂	14

[12]	（亻）	15
[7]	（厂）	14
11	八	14
12	人	14
[12]	（入）	17
[22]	（勹）	19
[10]	（冂）	14
13	勹	17
[16]	（几）	17
14	儿	17
15	匕	17
16	几	17
17	亠	17
18	冫	18
[11]	（丷）	14

19	冖	18
[166]	（讠）	72
20	凵	18
21	卩	18
[175]	（阝左）	74
[159]	（阝右）	71
22	刀	18
23	力	19
24	又	19
25	厶	19
26	廴	19
[21]	（㔾）	18

3画

27	干	19
28	工	19

29	土	19
[29]	（士）	21
[80]	（扌）	48
30	艹	21
31	寸	24
32	廾	24
33	大	24
[34]	（兀）	25
34	尢	25
35	弋	25
36	小	25
[36]	（⺌）	25
37	口	25
38	口	28
39	山	28

9

No.	部	页	No.	部	页	No.	部	页	No.	部	页
40	巾	29	63	韦	37	87	父	50	110	矢	59
41	彳	29	[123]	(耂)	62	[34]	(爫)	25	111	禾	59
42	彡	30	64	木	37	[86]	(爫)	50	112	白	59
[66]	(犭)	40	[64]	(朩)	39	88	月	51	113	瓜	59
43	夕	30	65	支	40	89	氏	52	114	鸟	60
44	夂	30	66	犬	40	90	欠	52	115	疒	60
[185]	(饣)	79	67	歹	40	91	风	52	116	立	61
45	丬	30	68	车	40	92	殳	52	117	穴	61
46	广	30	[68]	(车)	41	93	文	52	[142]	(衤)	66
47	门	30	69	牙	41	94	方	52	[145]	(聿)	67
[77]	(辶)	43	70	戈	41	95	火	53	[118]	(疋)	62
[98]	(忄)	54	[62]	(旡)	37	96	斗	54	118	疋	62
48	宀	31	71	比	41	[95]	(灬)	54	119	皮	62
49	辶	32	72	瓦	41	97	户	54	120	癶	62
50	彐	33	73	止	41	[100]	(衤)	56	121	矛	62
[50]	(彐)	32	74	支	42	98	心	54	[99]	(母)	56
51	尸	33	[98]	(小)	56	[145]	(聿)	67	**6画**		
52	己	33	[75]	(曰)	43	[45]	(爿)	30	122	耒	62
[52]	(已)	33	75	日 (曰)	42	99	毋	56	123	老	62
[52]	(巳)	33	[88]	(冃)	52	**5画**			124	耳	62
53	弓	33	76	贝	43	[61]	(玉)	37	125	臣	62
54	子	33	77	水	43	100	示	56	126	西(覀)	62
55	屮	33	78	见	47	101	甘	56	127	而	62
[55]	(屮)	33	79	牛	47	102	石	56	128	页	62
56	女	33	80	手	47	103	龙	57	129	至	63
57	飞	35	[80]	(手)	50	[67]	(歺)	40	130	(虍)	63
58	马	35	81	气	50	104	业	57	131	虫	63
[50]	(彑)	33	82	毛	50	[77]	(氺)	47	132	肉	64
[148]	(纟)	68	[79]	(牜)	47	105	目	57	133	缶	64
59	幺	35	[74]	(攵)	42	106	田	58	134	舌	64
60	巛	35	83	长	50	107	罒	58	135	竹(⺮)	64
4画			84	片	50	108	皿	58	136	臼	65
61	王	35	85	斤	50	[176]	(钅)	75	137	自	66
62	无	37	86	爪	50	109	生	59	138	血	66

139	舟	66	[76]	(貝)	43	176	金	75	[149]	(麥)	69
140	色	66	[78]	(見)	47	[185]	(飠)	79	[156]	(鹵)	70
141	齐	66	157	里	70	177	鱼	77	[114]	(鳥)	60
142	衣	66	[158]	(⻊)	70	178	隶	78	[177]	(魚)	78
143	羊	67	158	足	70	**9画**			193	麻	79
[143]	(⺶)	67	159	邑	71	179	革	78	194	鹿	80
[143]	(⺷)	67	160	身	72	[128]	(頁)	63	**12画**		
144	米	67	161	采	72	180	面	78	195	鼎	80
145	聿	67	162	谷	72	181	韭	78	196	黑	80
[145]	(⺺)	67	163	豸	72	182	骨	78	197	黍	80
146	艮	67	164	龟	72	183	香	78	**13画**		
[30]	(艸)	24	165	角	72	184	鬼	78	198	鼓	80
147	羽	67	166	言	72	185	食	79	[173]	(電)	74
148	糸	68	167	辛	73	[91]	(風)	52	199	鼠	80
[148]	(糹)	69	**8画**			186	音	79	**14画**		
7画			168	青	73	187	首	79	200	鼻	80
149	麦	69	[83]	(長)	50	[63]	(韋)	37	[141]	(齊)	66
[83]	(镸)	50	169	卓	73	[57]	(飛)	35	**15画**		
150	走	69	170	雨(⻗)	73	**10画**			[172]	(齒)	74
151	赤	69	171	非	74	188	髟	79	**16画**		
[68]	(車)	41	172	齿	74	[58]	(馬)	35	[103]	(龍)	57
152	豆	69	[130]	(虍)	63	189	鬲	79	**17画**		
153	酉	69	[47]	(門)	31	190	鬥	79	[164]	(龜)	72
154	辰	70	173	黾	74	191	高	79	201	龠	80
155	豕	70	174	隹	74	**11画**					
156	卤	70	175	阜	74	192	黄	79			

部 首 检 字 表

部首检字表按《新华字典》（2020年7月第12版）编排，收录所有汉字。
带*号为异体字，如繁体字、异体字两个以上，在检字表中只选一个，其余的在正文中显示。

1		丏	1	甫	2	爰（爰） 3
一部		卅	1	更	2	逮（逮） 3
一	1	不	1	束	2	囊 3
1画		屯	1	两（兩）	2	**2**
二	1	互	1	丽（麗）	2	**丨部**
丁	1	**4画**		龙	2	**2—3画**
七	1	未	1	来（來）	2	中 3
2画		末	1	**7画**		内 3
三	1	戋（戔）	2	奉	2	**4画**
丁	1	正	2	表（錶）	2	凸 3
于	1	世（*卋）	2	画（畫）	2	旧（舊） 3
亏（虧）	1	本	2	事	2	且 3
才（纔）	1	丙	2	枣（棗）	2	甲 3
下	1	丕	2	丞	3	申 3
丈	1	灭（滅）	2	**8画**		电（電） 3
与（與）	1	东（東）	2	奏	3	由 3
万（萬）	1	丛（叢）	2	甚	3	史 3
3画		丝（絲）	2	柬	3	央 3
丰（豐）	1	**5画**		歪	3	冉（*冄） 3
亓	1	亚（亞）	2	甭	3	凹 3
开（開）	1	亘（*亙）	2	昼（晝）	3	**5—7画**
井	1	吏	2	**9画**		师（師） 3
天	1	再（*再）	2	彧	3	曳（*抴） 3
夫	1	百	2	哥	3	曲（麯） 4
元	1	夹（夾）	2	**10画以上**		串 4
云（雲）	1	夷	2	焉	3	果（*菓） 4
专（專）	1	丞	2	堇	3	畅（暢） 4
丏（*匄）	1	**6画**		棘	3	**8画以上**
廿	1	严（嚴）	2	奡	3	临（臨） 4
五	1	求	2	皕	3	禺 4

3 丿部

1—2画
义 4
九 4
千（韆）4
川 4
久 4
么（麼）4
丸 4
及 4

3画
午 4
壬 4
升（*昇）4
夭（*殀）4
币（幣）4
爻 4
乏 4
丹 4
鸟（鳥）4

4画
乍 4
失 4
乍 4
丘（*坵）4
乎 4
乐（樂）4
册（*冊）4

5画
年（*秊）4
朱（硃）4
乔（喬）5
乒 5
乓 5

囟（*顖）5
甪 5

6画
我 5
卤 5
卵 5
系（係）5

7画
垂 5
乖 5
秉 5
臾 5

8画
重 5
禹 5
胤 5

9画以上
粤 5
睾 5

4 丶部

2—3画
义（義）5
之 5
为（爲）5

4画
半 5
必 5
永 5

5画以上
州 5
农（農）5
良 5
叛 5
举（舉）5

隺 5

5 乛（乛乀乚乙）部

乙 5

1—3画
刁 5
了（瞭）6
乃（*迺）6
乜 6
乞 6
孑 6
卫（衛）6
了 6
也 6
习（習）6
乡（鄉）6
尹 6
夬 6
丑（醜）6
予 6
卅 6
书（書）6

4画
司 6
民 6
弗 6
丞 6

5画
乩 6
兕（*毇）6
买（買）6

6画以上
甬 6
乳 6

承 6
虱（*蝨）6

6 十部

十 6

1—5画
卉 6
古 6
协（協）6
华（華）6
克（剋）7

6画
直 7
丧（喪）7
卖（賣）7
卑 7

7—10画
贲（賁）7
南 7
真 7
啬（嗇）7
博（*愽）7

11画以上
兢 7
赮 7
戴 7
矗 7

7 厂部

厂（廠）7

2—6画
厅（廳）7
仄 7
历（歷）7
厄（*厇）7

厉（厲）7
压（壓）7
厌（厭）7
库（庫）7
厘 7
厕（厠）7

7—8画

庞 7
厘（*釐）7
厚 7
厝 7
原 7

9—10画

厢（*廂）7
厣（厴）7
厩（*廐）8
厨（*廚）8
厦（*廈）8
雁（*鴈）8
厥 8

12画以上

厮（*廝）8
愿（願）8
魇（魘）8
餍（饜）8
赝（贋）8
黡（黶）8

[7]
厂部

反 8
斥 8
厄（*阨）8
后（後）8
质（質）8

盾 8
虒 8

8
匚部

2—4画

区（區）8
匹（*疋）8
巨（*鉅）8
叵 8
匝（*帀）8
匜 8
匡 8
匠 8

5画以上

匣 8
医（醫）8
匼（匼）8
匜 8
匿 8
匪 9
匮（匱）9
匾 9

9
卜部

卜（蔔）9
卦 9

[9]
卜部

1—3画

上 9
卡 9
占（*佔）9
卢（盧）9

4画以上

贞（貞）9

半 9
卣 9
卓 9
鬼（*髙）9
桌（*槕）9

10
冂部

冇 9
冈（岡）9
同（*仝）9
网（網）9
冏（*冏）9

[10]
冂部

用 9
甩 9
周（*週）9

11
八部

八 9

2—4画

兮 9
分 9
公 9
共 9
兴（興）9

5画以上

兵 9
坒 9
岔 10
其 10
具 10
典 10
贫（貧）10

忿 10
瓮（*甕）10
盆 10
翁 10
舆（輿）10

[11]
丷部

1—6画

丫（*椏）10
兰（蘭）10
并（併）10
关（*關）10
兑 10
弟 10
单（單）10

7画以上

养（養）10
前 10
酋 10
兹（*茲）10
兼 10
鞯（韉）10

12
人部

人 10

1—3画

个（個）10
介 10
从（從）10
仑（侖）10
今 10
仓（倉）10
以 10
仝 10
令 11

4—6画

全 11
会（會）11
合（閤）11
企 11
氽 11
众（衆）11
伞（傘）11
佘 11
余（餘）11
佥（僉）11
含 11
舍（捨）11
命（*肏）11
贪（貪）11
念（*唸）11

7—10画

俞 11
弇 11
龠 11
俎 11
拿（*拏）11
衾 11
忿 11
龛（龕）11
盒 11
舒 11
畲 11
畬 11
翕 11
禽 11

11画以上

愈（*瘉）11
㸒 11
盦 12

[12]
亻部
1画
亿（億）12

2画
仁 12
什 12
仃 12
仆（僕）12
化 12
仉 12
仇（*讐）12
仂 12
仍 12
仅（僅）12

3画
仨 12
仕 12
付 12
仗 12
代 12
仙（*僊）12
仟 12
仡 12
仫 12
伋 12
们（們）12
仪（儀）12
仔 12
他 12
仞 12

4画
伟（偉）12
传（傳）12
休 12

伍 12
伎 12
伏 13
伛（傴）13
优（優）13
伢 13
伐 13
仳 13
佤 13
仲 13
倪（儷）13
伜 13
件 13
任 13
伤（傷）13
伥（倀）13
价（價）13
伦（倫）13
份 13
伧（傖）13
仰 13
伉 13
仿（*倣）13
伙（夥）13
伪（偽）13
仁（*佇）13
伈 13
伊 13
似（*佀）13

5画
侒 13
估 13
体（體）13
何 13
佐 13

伾 14
佑 14
伻 14
佧 14
攸 14
但 14
伸 14
佃 14
伹 14
佚 14
作 14
伯 14
伶 14
佣（傭）14
低 14
你（*妳）14
佝 14
佟 14
㑊（㑮）14
住 14
位 14
佷 14
伴 14
佗 14
佁 14
伺 14
伲 14
佛（*彿）14
伽 14
佁 14

6画
佳 14
侍 14
佶 15
佬 15

侢	15	佗	16	债（債）	17	倌	18
供	15	侬（儂）	16	俵	17	箜	18
使	15	侔	16	倖	17	健	18
佰	15	**7画**		郷	17	倨	18
侑	15	俦（儔）	16	借（藉）	17	倔	18
侉（*咵）	15	俨（儼）	16	偌	17	**9画**	
佬（健）	15	俅	16	值	17	偰	18
例	15	便	16	侪	17	偾（僨）	18
侠（俠）	15	俩（倆）	16	倚	17	偡	18
侥（僥）	15	俪（儷）	16	俺	17	做	18
侄（*姪）	15	俫（倈）	16	倾（傾）	17	鸺（鵂）	18
侦（偵）	15	修（*脩）	16	倒	17	偃	18
侣	15	俏	16	俳	17	偭	18
侗	15	俣	16	俶	17	偕	18
侃	15	俚	16	倬	17	偿（償）	18
侧（側）	15	保	16	倏（*倏）	17	偶	18
侏	15	俜	16	脩	17	偈	18
侁	15	促	16	倘	17	偎	18
侹	15	俄	16	俱	17	偲	18
佸	15	俐	16	倮	17	傀	18
侨（僑）	15	侮	16	倡	17	偷（*媮）	18
侜	15	俙	16	候	17	偶	18
佺	15	俭（儉）	16	偻（儸）	17	偬（*傯）	18
侩（儈）	15	俗	16	倕	17	停	18
侊	15	俘	16	倭	17	偻（僂）	19
佾	15	信	16	倪	17	偏	19
佩（*珮）	15	俍	16	俾	18	假（*叚）	19
侈	15	侵	16	倜	18	偓	19
侪	15	侯	17	倞	18	**10画**	
佻	15	俑	17	俯（*頫）	18	傣	19
侪（儕）	16	俟（*竢）	17	倍	18	傲	19
佼	16	俊（*儁）	17	倦（*勌）	18	傃	19
依	16	**8画**		倬（僤）	18	傅	19
饮	16	俸	17	倓	18	僳	19
佯	16	倩	17	倧	18	傌	19

僚 19	儦 20	匕 21	充 22
偾（儻）19	儳 20	北 21	**5—6画**
偰 19	儀 20	旨（*恉）21	亩（畝）22
傍 19	儴 20	顷（頃）21	亨 22
傧（儐）19	儺 20	匘 21	京 22
储（儲）19	**[12]**	匙 21	享（*亯）22
催 19	**入部**	疑 21	夜（*亱）22
傩（儺）19	入 20	冀 21	卒（*卆）22
11画	氽 20	**16**	兖 22
催 19	籴（糴）20	**几部**	氓（*甿）22
傻（*傻）19	**13**	几（幾）21	**7画**
像 19	**勹部**	凡（*凢）21	哀 22
傺 19	勺 20	朵（*朶）21	亭 22
僇 19	勿 20	凫（鳧）21	亮 22
12画	匀 20	咒（*呪）21	**8画**
僖 19	勾 20	凯（凱）21	衰 22
僦 19	句 20	凭（憑）21	衷 22
僳 19	匆（*怱）20	**[16]**	亳 22
僚 19	匄 20	**八部**	离（離）22
僭 19	包 20	凤（鳳）21	衮 22
僬 19	旬 20	夙 21	**9画**
僦 19	匈 20	凰 21	恵 22
僮 19	匍 20	**17**	毫 22
傅 19	匐 20	**亠部**	孰 22
僧 20	匒 20	**1—4画**	烹 22
僎 20	匓 20	亡（*亾）21	商 22
僜 20	**14**	卞 21	袤 22
13画	**儿部**	六 21	率 22
僵（*殭）20	儿（兒）20	亢 21	**10画**
儇 20	先 20	主 21	裒（襃）22
儋 20	兆 21	市 21	就 22
僻 20	兕 21	玄 21	裒 22
14画以上	党（黨）21	亦 21	**11—14画**
儒 20	兜（*兠）21	交 21	襄 22
儡 20	**15**	亥 21	禀（*稟）22
	匕部		

亶　　　　22
雍（＊雝）22
襄　　　　22
豪　　　　23
褎（＊襃）23
斖（＊斖）23
壅　　　　23

15画以上

襄　　　　23
亹　　　　23
饔　　　　23

18
冫部

1—7画

江　　　　23
冯（馮）　23
冱（＊冱）23
冲（衝）　23
冰（＊氷）23
次　　　　23
决（＊決）23
冻（凍）　23
况（＊況）23
冷　　　　23
冶　　　　23
冽　　　　23
冼　　　　23
净（＊淨）23

8画以上

凌　　　　23
凇　　　　23
凄（＊凄）23
准（準）　23
凋　　　　23
凉（＊涼）23

凑（＊湊）23
减（＊減）23
湊　　　　23
渐　　　　23
凛（＊凜）23
凝　　　　24

19
冖部

冗（＊宂）24
写（寫）　24
军（軍）　24
冠　　　　24
冡（＊塚）24
冥（＊冥）24
冤（＊寃）24
幂（＊羃）24

20
凵部

凶（＊兇）24
凸　　　　24
击（擊）　24
凹　　　　24
函（＊圅）24

21
卩部

印　　　　24
印　　　　24
卯（＊夘）24
却（＊卻）24
即　　　　24
卲　　　　24
卸　　　　24
卿　　　　24

[21]
已部

危　　　　24
卷（捲）　24
卺　　　　24

22
刀部

刀　　　　24
刃　　　　24
切　　　　24
召　　　　24
券　　　　24
剪　　　　24
劈　　　　24

[22]
刂部

2—4画

刈　　　　25
刑　　　　25
刚（剛）　25
创（創）　25
刎　　　　25

5画

划（劃）　25
别（彆）　25
删（＊刪）25
刨（＊鉋）25
判　　　　25
到（到）　25

6画

刲　　　　25
刺　　　　25
刮　　　　25
刳　　　　25
刿（劌）　25
剀（剴）　25
制（製）　25

剑（劍）　25
刹　　　　25
剁（＊剁）25
刻　　　　25
刷　　　　25

7画

荆　　　　25
剋（＊尅）25
剌　　　　25
削　　　　25
剐（剮）　25
剑（劍）　25
剃（＊薙）25

8画

剞　　　　25
剔　　　　25
剖　　　　26
剡　　　　26
剜　　　　26
剥　　　　26
剧（劇）　26
剜　　　　26

9—11画

副　　　　26
剩（＊賸）26
割　　　　26
蒯　　　　26
剽　　　　26
剿（＊剿）26

12画以上

劂　　　　26
劄　　　　26
劁　　　　26
劐　　　　26
劇　　　　26

劙　　　26

[22]
勹部

刍（芻）26
负（負）26
争　　　26
奂　　　26
免　　　26
兔（*兎）26
象　　　26
赖（賴）26
詹　　　26
夐　　　26
豫　　　26

23
力部

力　　　26

2—4画

办（辦）26
劢（勱）26
加　　　27
动（動）27
劣　　　27

5—6画

劫（*刦）27
励（勵）27
助　　　27
刨　　　27
努（*拏）27
劭　　　27
劲（勁）27
劻　　　27
劼　　　27
势（勢）27
劾　　　27

7—9画

勃　　　27
勋（勛）27
勉　　　27
勇　　　27
勛（勳）27
勍　　　27
勐　　　27
哿　　　27
勘　　　27
勚（勩）27
勖（*勗）27

10画以上

勤（*懃）27
勠　　　27
勰　　　27
勱　　　27

24
又部

又　　　27

1—4画

叉　　　27
友　　　27
邓（鄧）28
劝（勸）28
双（雙）28
发（發）28
圣（聖）28
对（對）28
戏（戲）28
观（觀）28
欢（歡）28

5—10画

鸡（鷄）28
叔　　　28

受　　　28
变（變）28
艰（艱）28
叕　　　28
叜　　　28
叙（*敍）28
叚　　　28
难（難）28
桑（*桒）28

11画以上

叠（*疊）28
燮（*爕）28
矍　　　28

25
厶部

厶　　　28
允　　　28
弁　　　28
台（臺）28
丢　　　28
牟　　　28
县（縣）28
矣　　　28
叁　　　28
参（參）29
枲　　　29
畟　　　29
怠　　　29
垒（壘）29
畚　　　29
能　　　29

26
廴部

廷　　　29
延　　　29

建　　　29

27
干部

干（乾）29
刊（*栞）29
邗　　　29
平　　　29
罕　　　29
顸（頇）29

28
工部

工　　　29
巧　　　29
邛　　　29
功　　　29
左　　　29
巩（鞏）29
贡（貢）29
汞　　　29
攻　　　29
巫　　　29
项（項）29
巯（巰）29

29
土部

土　　　29

2—3画

圢　　　29
去　　　29
圩　　　29
圬（*杇）30
圭　　　30
寺　　　30
圷　　　30
圫　　　30

圪	30	坏	31	垍	32	埇	33
圳（*甽）	30	坲	31	埇	32	埃	33
圾	30	坪	31	垢	32	聖	33
圹（壙）	30	坫	31	垛（*垜）	32	**8画**	
圮	30	垆（壚）	31	垫（墊）	32	堵	33
圯	30	坦	31	垯	32	堎	33
地	30	坥	31	垎	32	埴	33
场（場）	30	坤（*堃）	31	垴	32	域	33
在	30	坰	31	垓	32	堐	33
4画		坬	31	垟	32	埼（*碕）	33
坛（壇）	30	垌	31	垞	32	埯	33
坏（壞）	30	坼	31	垵	32	埙	33
坖（堀）	30	坩	31	埭	32	埸	33
坜（壢）	30	坽	31	垠	32	堌	33
坉	30	坻	31	垩（堊）	32	埵	33
址（*阯）	30	垃	31	垡	32	埫	33
坝（壩）	30	幸（*倖）	31	屋	32	堆	33
圻	30	坨	31	**7画**		埤	33
坂（*阪）	30	坭	31	埖（塳）	32	埠	33
坲（埨）	30	坡	31	埔	32	埝	33
坋	30	坳（*垇）	31	埂	32	堋	33
坎（*埳）	30	垈	31	埗	32	堍	33
坍	30	**6画**		埕	32	埻	33
均	30	型	31	埕	32	培	34
坞（塢）	30	垚	31	埘（塒）	32	埔	34
坟（墳）	30	垭（埡）	31	埋	33	埤（壿）	34
坑（*阬）	30	垣	31	埙（塤）	33	埝	34
坊	30	垮	31	埚（堝）	33	埪	34
块（塊）	31	垯（墶）	32	袁	33	埭	34
坚（堅）	31	城	32	埒	33	埽	34
坐	31	垤	32	埒	33	塨	34
坠（墜）	31	垙	32	埆	33	基	34
5画		垱（墙）	32	埐	33	堑（塹）	34
坩	31	垌	32	垸	33	堂	34
坷	31	垯（墱）	32	垠	33	堃	34
		埏	32				

堕（墮）34

9画

堵 34
埶 34
堪 34
堞 34
塔（*墖）34
塃 34
堰 34
埵（*陸）34
塿 34
塅（*壖）34
堤（*隄）34
堨 34
塄 34
塅 34
堠 34
塆（壪）34
塿（壊）34
堳 34
堡 34
堅 35

10画

塨 35
填 35
塥 35
塬 35
塌 35
塈 35
塘 35
塝 35
塑 35
塑（*塀）35

11画

塸 35

墈 35
塲 35
塪 35
墙（墙）35
墟 35
墁 35
墚 35
墉（*隑）35
境 35
墒（*暘）35
墚 35
墕 35
堨 35
墅 35
墼 35
塾 35

12画以上

墣 35
墦 35
墩（*墪）35
墙 35
增 36
墀 36
墼 36
壁 36
壕 36
壑 36
壤 36

[29]
士 部

士 36
吉 36
壳（殻）36
志（*誌）36
声（聲）36

毒 36
壶（壺）36
壸（壼）36
悫（愨）36
喆 36
喜 36
壹 36
嘉 36
熹 36
憙 36
嚞（*壴）36
懿 36

30
艹 部

1—3画

艺（藝）36
艾 36
芄 36
节（節）36
芀 36
芋 36
芏 36
芊 36
芍 37
芃 37
芁 37
芨 37
芒 37
芝 37
芑 37
芎 37
艻（薌）37

4画

芙 37
芫 37

芜（蕪）37
苇（葦）37
芸（蕓）37
芾 37
芰 37
苤 37
苈（藶）37
苊 37
苉 37
苣 37
芽 37
苂 37
芷 37
芮 37
苋（莧）37
芼 37
苌（萇）37
花（*芲）37
芹 37
芥 37
苁（蓯）37
芩 38
芬 38
苍（蒼）38
芪 38
芴 38
芡 38
芟 38
芶 38
苄 38
芨 38
芳 38
苈（蘦）38
苎（苧）38
芦（蘆）38

芯 38
劳（勞）38
芭 38
扎 38
苏（蘇）38
苡 38

5画

茉 38
苷 38
苦 38
苯 38
苟 38
苤 38
若 38
茂 38
茏（蘢）38
苠 38
苹（蘋）38
苦 38
苜 39
苴 39
苗 39
苡 39
英 39
苢 39
苒 39
茓（*絭）39
苲 39
茌 39
苻 39
苽 39
茶 39
苓 39
茆 39
苠 39

茍 39
茆 39
茑（蔦）39
苑 39
苞 39
范（範）39
苧（薴）39
芡 39
茎（堃）39
芯 39
茕（煢）39
苠 39
苐 39
茁 39
苕 39
茄 39
茎（莖）40
苔 40
茅 40

6画

茖 40
茸 40
茛 40
茜 40
茬 40
荐（薦）40
莲（蓬）40
荚（荚）40
萁 40
茪（茪）40
荤（葷）40
茈 40
草（*艸）40
茧（繭）40
茵 40

茼 40
茵 40
茴 40
茱 40
莛 40
荞（蕎）40
茯 40
苨 40
荏 40
茝 40
荇（*荇）40
茎 40
荟（薈）40
茶 40
荀 41
茗 41
荠（薺）41
茭 41
茨 41
荒 41
荄 41
茺 41
茼（啇）41
荓 41
茳 41
茫 41
荡（蕩）41
荣（榮）41
荦（犖）41
荥（滎）41
荤（犖）41
荧（熒）41
荨（蕁）41
菲 41
莨 41

荩（藎）41
荪（蓀）41
荭 41
荫（蔭）41
茹 41
荔（*荔）41
荬（蕒）41
荭（葒）41
荮（葤）41
药（藥）41

7画

莰 41
莅 42
莩 42
莙 42
莽 42
莱（萊）42
莲（蓮）42
莳（蒔）42
莫 42
莴（萵）42
莪 42
莉 42
莠 42
莓 42
荷 42
莜 42
莅（*涖）42
荼 42
莶（蘞）42
莝 42
莘 42
莠 42
获（獲）42

茓（蕷）	42	奠	43	**9画**		萱（*蕿）	45
荻	42	萑	43	葵	44	葵	45
荼（䅪）	42	菙	43	葑	44	蔻	46
䓓	42	菂	43	葚	44	蒿	46
莘	42	菜	43	葫	44	葭	46
莎	42	葱	43	萳	45	葵	46
莞	42	棻	43	葙	45		
劳（蕘）	42	蔽	44	葳	45	**10画**	
莹（瑩）	42	菟	44	葳	45	蓁	46
莨	43	萄	44	惹	45	蒜	46
莺（鶯）	43	萏	44	葳（蕆）	45	蒱	46
著	43	菊	44	葬（*塟）	45	蓍	46
莼（蒓）	43	萃	44	葺	45	蘑	46
8画		菩	44	募	45	蓝（藍）	46
菁	43	葵	44	葺	45	墓	46
菝	43	菏	44	葛	45	幕（*幙）	46
著	43	萍	44	赍（賫）	45	蓦（驀）	46
菱（*蔆）	43	萡（*萡）	44	蒽	45	蒽	46
萚（蘀）	43	菠	44	蕚（*蕚）	45	蒨	46
萁	43	菬	44	菁	45	蒋	46
菥	43	菪	44	萩	45	蓓	46
菘	43	萏	44	董	45	蓖	46
莉	43	菀	44	葆	45	蔴	46
萘	43	萤（螢）	44	蒐	45	蓊	46
菁	43	营（營）	44	葩	45	蓟（薊）	46
萋	43	萦（縈）	44	葰	45	蓬	46
菲	43	綮（縈）	44	葎	45	蓑（*簑）	46
菽（*尗）	43	萧（蕭）	44	葡	45	蒿	46
萆	43	菉	44	葱（*蔥）	45	蒺	46
菖	43	萓	44	蒋（蔣）	45	蓠（蘺）	46
萌	43	菰	44	葶	45	蔀	46
萜	43	菌	44	蒂（*蔕）	45	蒟	46
萝（蘿）	43	萨（薩）	44	蒌（蔞）	45	蒡	46
菌	43	菇	44	蒎	45	蓄	46
萎	43	菑	44	落	45	蒹	46
						蒴	46

蒲	47	蒨	48	薏	49	藻	50
蒗	47	蔼（藹）	48	雍	49	**17画以上**	
蓉	47	蔚	48	薮（藪）	49	蘩	50
蒙（矇）	47	蓼	48	薄	49	蘖（*蘗）	50
蒴	47	**12画**		薜	49	蘘	50
蒉	47	蕙	48	薅	49	蘸	50
鋈（鍪）	47	蕈	48	**14画**		蘖（*蘗）	50
蒻	47	蕨	48	藉	49	蘼	50
蒸	47	蕤	48	薹	49		
蒇（蕆）	47	蕞	48	藏	49	**［30］**	
11画		蕺	48	薷	49	**艹部**	
蔄	47	蕒	48	藕	49	**31**	
蔫	47	蕉	48	薰	49	**寸部**	
蓺	47	蕻	48	藐	49	寸	50
蔷（薔）	47	蕃	48	藓（蘚）	49	寿（壽）	50
蔌	47	蕲（蘄）	48	薿	49	封	50
蔈	47	蕰	48	薰	49	尉	50
慕	47	蕊（*蘂）	48	潢	49	尊	50
暮	47	蔃	48	**15画**			
摹	47	蔬	48	藕	49	**32**	
蔓	47	蕴（蘊）	48	爇	49	**廾部**	
蔑（衊）	47	**13画**		蕱（薥）	49	弃（*棄）	50
甍	47	蕻	48	藟	49	弄	50
蘡（蘡）	47	薳	48	藜（*藜）	49	弈	50
蔸	47	薙	48	藟	49	弊（*獘）	50
蓰	47	蕾	48	藤（*籐）	49	**33**	
蔹（蘞）	47	蘋（蘋）	48	摩	49	**大部**	
蔡	47	蕗	48	蓙	49	大	50
蔗	47	薯（*藷）	48	藩	49	**1—4画**	
蔟	47	薨	48	**16画**		太	50
蔺（藺）	47	薙	48	藿	49	夯（*砼）	50
蔽	47	薛	48	蘧	49	头（頭）	50
蔊	47	薇	49	孽（*孼）	50	夸（誇）	50
蕖	48	薢	49	蘅	50	夺（奪）	50
蔻	48	薪	49	蘑	50	夼	50
						奁（奩）	50
						夻	50

5画

奈	50
奔（*犇）	50
奇	50
奄	50
奋（奮）	51
奇	51

6画

契（*契）	51
奎	51
耷	51
奓	51
牵（牽）	51
奖（奬）	51
奕	51

7—8画

套	51
奘	51
匏	51
奢	51
爽	51

9画以上

畲	51
奥	51
奠	51
奭	51
樊	51

34
尢 部

尢	51
尤	51
尥	51
尪（*尩）	51
尬	51
尴（尷）	51

[34]
兀 部

兀	51
尧（堯）	51
虺	51
豗	51
魋	51

[34]
允 部

35
弋 部

戈	51
式	51
式	52
弍	52
式	52
忒	52
甙	52
鸢（鳶）	52
贰（貳）	52

36
小 部

小	52
少	52
尔（爾）	52
尕	52
尘（塵）	52
尖	52
尜	52
雀	52
蠢	52

[36]
业 部

光	52
当（當）	52

肖 52
尚 52
尝（嘗） 52
辉（輝） 52
耀（*燿） 52

37
口 部

口	52

2画

可	52
右	52
叶（葉）	52
叮	52
号（號）	52
卟	52
只（隻）	52
叭	52
叱	53
兄	53
叽（嘰）	53
叼	53
叫（*呌）	53
叩（*敂）	53
叨	53
叻	53
另	53
叹（嘆）	53

3画

吁（籲）	53
吐	53
吓（嚇）	53
吋	53
吕	53
吊（*弔）	53
吃	53

吃（*喫） 53
吸 53
吖 53
吗（嗎） 53
吆（*吆） 53
向（嚮） 53

4画

吞	53
吾	53
否	53
呈	53
吴	53
呋	53
呒（嘸）	53
呓（囈）	53
呆（*獃）	53
吱	54
呔	54
吠	54
呔	54
呕（嘔）	54
呖（嚦）	54
呃	54
呀	54
吨（噸）	54
吡	54
呀	54
呗（唄）	54
员（員）	54
呐	54
呙（咼）	54
呛	54
听（聽）	54
吟	54
吟（*唫）	54

吩	54	咆	55	咽（*嚥）	56	哮	57
呛（嗆）	54	咛（嚀）	55	哆（喊）	56	唠（嘮）	57
吻（*脗）	54	咇	55	味	56	哼	57
吹	54	咏（*詠）	55	咻	56	哺	57
呜（嗚）	54	呢	55	哗（嘩）	56	哽	57
吭	54	咄	55	咱（*俺）	56	唔	57
吣（*唟）	54	呶	55	咿（*吚）	56	唡（啢）	57
吠	54	咖	55	响（響）	56	哨	58
吆	54	哈	55	哌	56	唢（嗩）	58
吧	54	咰	55	哙（噲）	57	哩	58
吼	54	呦	55	哈（*毈）	57	哦	58
吮	54	咝（噝）	56	咣	57	唣（*唕）	58
告	54	咎	56	哚（*垛）	57	唏	58
君	55			咯	57	唑	58
5画		**6画**		哆	57	唤	58
味	55	哉	56	咬（*齩）	57	唁	58
呵	55	哐	56	咳（*欬）	57	哼	58
哎	55	哪	56	咩（*咩）	57	唧	58
咕	55	哇	56	咪	57	啊	58
呵	55	咡	56	咤（*吒）	57	唉	58
咂	55	哄（*閧）	56	哝（噥）	57	唆	58
呸	55	哑（啞）	56	哼（哼）	57		
咙（嚨）	55	咺	56	哪	57	**8画**	
咔	55	哂	56	哏	57	唪	58
咀	55	咴	56	哞	57	啧（嘖）	58
呷	55	哒（噠）	56	哟（喲）	57	啫	58
呻	55	咧	56	咨（*諮）	57	啪	58
映	55	咦	56	**7画**		啦	58
咋（*嘁）	55	哓（嘵）	56	哲（*喆）	57	啈	58
咐	55	哔（嗶）	56	哢	57	唶	58
呱	55	哐	56	唛（嘜）	57	喏	58
呼（*嘑）	55	呲	56	哇	57	喵	58
呤	55	咣	56	唝（嗊）	57	啉	58
咚	55	虽（雖）	56	哧	57	唵	58
鸣（鳴）	55	品	56	哳	57	啄	58
		咰	56	唢	57	啭（囀）	58

啡	58	喊	59	嗫（囁）	60	嘚	62
啃	58	喱	59	嗬	61	嘛	62
啮（嚙）	58	喹	59	噁（噁）	61	嘛	62
唬	58	啫	60	嗔	61	嘀（*啾）	62
咽（嚙）	58	喟	60	嗦	61	嗾	62
唱	59	喝（*歠）	60	嗝	61	噆	62
啰（囉）	59	喂（*餵）	60	嘎	61		
唾	59	喟	60	嗣	61	**12画**	
唯	59	喘	60	嗯（*吇）	61	嘻（*譆）	62
啤	59	唪	60	嗅	61	嘭	62
啥	59	啾	60	嗥（*獆）	61	噎	62
啁	59	嗖	60	嗲	61	嘶	62
啕	59	喤	60	嗳（嗳）	61	噶	62
唿	59	喉	60	嗡	61	嘲（*謿）	62
啐	59	喻	60	嗙	61	噘	62
唛	59	喰	60	嗌	61	嘹	62
唷	59	喑（*瘖）	60	嗛	61	嚓	62
啴（嘽）	59	啼（*嗁）	60	嗍	61	噗	62
啖（*啗）	59	嗟	60	嗨	61	嘬	62
啵	59	喽（嘍）	60	嗐	61	嘿	62
啶	59	嗞	60	嗤	61	噍	62
啷	59	喧（*誼）	60	嗵	61	噢	62
唳	59	喀	60	嗓	61	噙	62
啸（嘯）	59	喔	60	辔（轡）	61	噜（嚕）	62
唰	59	喙	60	**11画**		噇	62
啜	59	啻	60	嘞	61	噂	62
兽（獸）	59	善	60	嘈	61	噌	62
9画		喾（譽）	60	嗽（*嗽）	61	嘱（囑）	62
喷（噴）	59	**10画**		嘌	61	噀（*潠）	62
戢	59	嗪	60	嘁	61	噔	62
喋（*啑）	59	嗷	60	嘎（*嘎）	61	**13画**	
嗒	59	嗉（*膆）	60	嘘	61	嚄	62
喃	59	嘟	60	嘡	61	嚆	62
喳	59	嗜	60	嘣	61	噤	63
喇	59	嗑	60	嘤（嘤）	62	嘴	63

噱	63	园（園）	63	岁（歲）	64	岷	65
器（*噐）	63	围（圍）	63	岋	64	岩	65
噪（*譟）	63	困（睏）	64	屺	64	峄（嶧）	66
噬	63	囤	64	岂（豈）	64	岳（*嶽）	66
噙	63	囵	64	岍	65	岱	66
噫	63	囱（圇）	64	岐	65	峃（嶨）	66
噻	63	囫	64	岖（嶇）	65		
噼	63	**5—7画**		岈	65	**6—7画**	
14画		国（國）	64	岠	65	峙	66
噻	63	固	64	岈	65	峘	66
嚅	63	困	64	岗（崗）	65	耑	66
嚎	63	囹	64	岘（峴）	65	炭	66
嚄（嚖）	63	图（圖）	64	岕	65	峛	66
嚓	63	囿	64	岑	65	岁	66
15—17画		圃	64	岚（嵐）	65	峡（峽）	66
嚚	63	圄	64	岜	65	峣（嶢）	66
嚣（嚚）	63	圂	64	呑（*嵓）	65	岫	66
嚯	63	圆（圓）	64	岛（島）	65	峒（*峝）	66
嚼	63	**8画以上**		岊	65	峤（嶠）	66
嚷	63	圊	64	**5画**		峗	66
18画以上		圉	64	岵	65	峋	66
曮	63	圈	64	岢	65	峥	66
嚷	63	圐	64	岸（*屵）	65	峧	66
		圝（*嘮）	64	岩（*嵒）	65	幽	66
38		圙（*喽）	64	崇（㟢）	65	峦（巒）	66
囗部		圜	64	岿（歸）	65	峣	66
〇	63	圞	64	岨	65	崁	66
2—3画		**39**		岬	65	崂（嶗）	66
囚	63	**山部**		岫	65	峿	66
四	63	山	64	岞	65	峯（*峯）	66
团（團）	63	**2—4画**		岭（嶺）	65	崃（崍）	66
因（*囙）	63	屼	64	岣	65	峭（*陗）	66
回（迴）	63	屿（嶼）	64	峀	65	峨（*峩）	66
团	63	屾	64	岟	65	崄（嶮）	66
囡	63	屹	64	峒	65	峪	66
4画				峒	65	峰（*峯）	66

崀	67
峻	67
8画	
崚	67
崧	67
崖（*嵓）	67
崎	67
崦	67
崭（嶄）	67
崮	67
崔	67
崒（*崝）	67
崤	67
崩	67
崞	67
崒（*崪）	67
崇	67
崆	67
崬	67
崛	67
崕	67
崭	67
9画	
嵙	67
嵁	67
嵌	67
嵽（嵽）	67
嵫（嵸）	67
嵖	67
嵝	67
崴	67
嵕（*嵕）	67
嵎	67
嵛	67
崿	68

嵚（嶔）	68
嵬	68
嵞	68
嵯	68
嵝（嶁）	68
嵫	68
嵋	68
10画	
嗸	68
嵊	68
嵲	68
嵩	68
嵴	68
11—12画	
嶂	68
嶍	68
嶲	68
嶓	68
嶽	68
嶙	68
嶟	68
嶒	68
嶝	68
13画以上	
嶦	68
嶮（嶮）	68
嶦	68
嶰	68
巇	68
巅（巔）	68
巉	68
巍	68
巎	68
巆	68
40	

巾 部	
巾	69
1—4画	
布（*佈）	69
帅（帥）	69
帆（*帆）	69
帏（幃）	69
帐（帳）	69
希	69
5画	
帖	69
帜（幟）	69
帙（*袠）	69
帕	69
帔	69
帑	69
6—9画	
帮（幫）	69
带（帶）	69
帧（幀）	69
帡	69
帝	69
帱（幬）	69
帨	69
常	69
帻（幘）	69
帼（幗）	69
帷	69
帵	69
幅	69
帽（*帽）	69
幄	69
10画以上	
幌	69
幖	69

幔	69
幛	69
幞	70
幡（*旛）	70
幢	70
幪	70
41	
彳 部	
彳	70
3—5画	
行	70
彻（徹）	70
役	70
彷（*徬）	70
征（徵）	70
徂	70
往（*徃）	70
彼	70
径（徑）	70
6—7画	
衍	70
待	70
徊	70
徇（*狥）	70
徉	70
衍	70
律	70
很	70
徒	70
徕（徠）	70
徐	70
8画	
徯（鵗）	70
徛	70
徘	70

徙 70
徜 70
得 70
衔（銜）70
衔 71

9—11画
街 71
御（禦）71
徨 71
循 71
衘 71
微 71
徭（*傜）71
徯 71

12画以上
德（*惪）71
徵 71
衝 71
徼 71
衡 71
徽（*微）71
衢 71

42
彡部
形 71
彤 71
须（須）71
彦 71
彩（*綵）71
彭 71
彰 71
影 71

43
夕部
夕 71

外 71
舛 71
名 71
多 71
梦（夢）71
够（*夠）71
飧（*飱）71
夥 72
舞 72
夤 72

44
夂部
处（處）72
冬（鼕）72
务（務）72
各 72
条（條）72
备（備）72
复（復）72
夏 72
惫（憊）72
螽 72
夒 72

45
丬部
壮（壯）72
妆（妝）72
状（狀）72
将（將）72

[45]
片部
片 72
戕 72
斨 72
牁 72

牂 72

46
广部
广（廣）72

2—5画
庀 72
邝（鄺）72
庄（莊）72
庆（慶）72
庑（廡）72
床（*牀）72
庋 72
库（庫）72
庇 73
应（應）73
庐（廬）73
序 73
庞（龐）73
店 73
庙（廟）73
府 73
底 73
庖 73
庚 73
废（廢）73

6—8画
庤 73
度 73
庭 73
庥 73
庠 73
席（*蓆）73
座 73
唐 73
庼 73

庶（*庻）73
庹 73
庵（*菴）73
庼（廎）73
庚 73
庳 73
廊 73
康 73
庸 73

9—11画
廒（廒）73
廋 73
庾 74
赓（賡）74
厩（*廐）74
廓 74
廉（*亷）74
廑 74
廙 74
腐 74
廖 74

12画以上
廛 74
廨 74
廪（*廩）74
鏖 74
膺 74
鹰（鷹）74

47
门部
门（門）74

1—4画
闩（閂）74
闪（閃）74
闫（閆）74

闲（閑）74	阈（閾）75	字 76	宴（*讌）77
闭（閉）74	庵（菴）75	安 76	宾（賓）77
问（問）74	阊（閶）75	完 76	容 77
闯（闖）74	阅（閱）75	宋 76	宰 77
闰（閏）74	阌（閿）75	宏 76	案 77
闱（闈）74	阍（閽）75	牢 76	**8画**
闲（閑）74	阁（閣）75	灾（*菑）76	寇（*冦）77
闳（閎）74	阒（闃）75	**5—6画**	寅 77
间（間）74	阐（闡）75	宝（寶）76	寄 77
闵（閔）74	**9画**	宗 76	寁 77
阅（閱）74	阓（闠）75	定 76	寂 77
闷（悶）74	阑（闌）75	宕 76	宿（*宿）77
5—6画	阗（闐）75	宠（寵）76	密 77
闸（閘）74	阕（闋）76	宜 76	**9—11画**
闹（鬧）75	阔（闊）76	审（審）76	寒 77
阀（閥）75	阒（闋）76	宙 76	寅（寶）77
闺（閨）75	**10画以上**	官 76	富 77
闻（聞）75	阖（闔）76	宛 77	寔 78
闼（闥）75	阗（闐）76	实（實）77	寓（*庽）78
闽（閩）75	阘（闒）76	宓 77	甯 78
闾（閭）75	阙（闕）76	宣 77	寐 78
阁（閭）75	阚（闞）76	宦 77	塞 78
阀（閥）75	阛（闤）76	宥 77	搴（騫）78
阁（閣）75		宬 77	寞 78
阄（鬮）75	**[47]**	室 77	寝（寢）78
阄（鬮）75	**門 部**	宫 77	寨（*砦）78
阊（閶）75	**48**	宪（憲）77	赛（賽）78
7—8画	**宀部**	客 77	搴 78
阃（閫）75	**2—4画**	**7画**	寡 78
阄（鬮）75	宁（寧）76	害 77	察（*詧）78
阄（鬮）75	它（*牠）76	宽（寬）77	蜜 78
阆（閬）75	宄 76	宧 77	寤 78
阅（閱）75	宇 76	宸 77	寥 78
阈（閾）75	守 76	家（傢）77	**12画以上**
阉（閹）75	宅 76	宵 77	骞（騫）78

寮	78	迟（遲）	79	逦（邐）	80	遂	81
窜	78	**5画**		逐	80	遍（*徧）	81
寨	78	述	79	逍	80	退	81
寰	78	迪	79	逞	80	**10画**	
蹇	78	迥（*逈）	79	造	80	遨	81
謇	78	迭	79	透	80	遘	81
		迮	79	途	80	遢	81
49		迤（*迆）	79	逛	80	遣	81
辶部		迫（*廹）	79	逛	80	遛	81
2—4画		迩（邇）	79	逖（*逿）	80	遥	81
辽	78	迢	79	逢	80	遛	81
辽（遼）	78	迦	79	递（遞）	80	**11画**	
边（邊）	78	迳（逕）	79	通	80	遭	81
迁	78	迫	79	逡	80	遮	81
过（過）	78	**6画**		**8画**		**12画**	
达（達）	78	迺（*廼）	79	逵	80	暹	81
迈（邁）	78	选（選）	79	逴	81	遴	81
辿（*辿）	78	适（適）	80	逻（邏）	81	遵	82
迁（遷）	78	追	80	逶	81	遹	82
迄	79	逅	80	逸	81	**13画以上**	
迅	79	逃（*逃）	80	道	81	遽	82
巡（*巡）	79	逢	80	逯	81	邀	82
进（進）	79	迹（*跡）	80	逮	81	邂	82
远（遠）	79	进	80	**9画**		邅	82
违（違）	79	送	80	逼（*偪）	81	避	82
运（運）	79	迷	80	遇	81	邈	82
还（還）	79	逆	80	遏	81	邃	82
连（連）	79	退	80	遗（遺）	81	邋	82
迓	79	逊（遜）	80	遄	81	**50**	
迤	79	**7画**		遑	81	**彐部**	
迕	79	逝	80	遁（*遯）	81	归（歸）	82
近	79	逑	80	逾（*踰）	81	寻（尋）	82
返	79	逋	80	遆	81	灵（靈）	82
迎	79	速	80	遐	81	帚（*箒）	82
这（這）	79	逗	80	道	81	彗（*篲）	82
远	79						

護（護）　82

[50]
ヨ 部

录（錄）　82

[50]
旦 部

彖　　82
彗　　82
彝（*彜）　82

51
尸 部

尸（*屍）　82

1—3画

尺　　82
尼　　82
尻　　82
尽（儘）　82

4—6画

层（層）　82
屁　　82
屃（屓）　82
尿　　82
尾　　82
局（*侷）　82
屉（*屜）　82
居　　83
届（*屆）　83
鸤（鳲）　83
屄（*屄）　83
屈　　83
屋　　83
屌　　83
咫　　83
屏　　83
屎　　83

7画以上

展　　83
屑　　83
屐　　83
屙　　83
屠　　83
犀　　83
属（屬）　83
孱（孱）　83
屡（屢）　83
孱　　83
屣　　83
履　　83
屦（屨）　83
羼　　83

52
己 部

己　　83
改　　83
忌　　83

[52]
已 部

已　　83

[52]
巳 部

巳（*巳）　83
巴　　83
导（導）　83
异（*異）　83
巷　　84
巽　　84

53
弓 部

弓　　84
引　　84

弘　　84
弜（彍）　84
弛　　84
驱（彄）　84
张（張）　84
弧　　84
弥（彌）　84
弦（*絃）　84
弢　　84
弨　　84
弩　　84
弯（彎）　84
弭　　84
弱　　84
弸　　84
弶　　84
弹（彈）　84
弼　　84
强（*強）　84
粥　　84
疆　　84

54
子 部

子　　84

1—5画

孔　　84
孕　　84
存　　84
孙（孫）　84
孖　　84
孛　　84
孜　　85
学（學）　85
孟　　85
孤　　85

孢　　85
孥　　85

6画以上

孪（孿）　85
孩　　85
孳　　85
孺　　85

55
屮 部

出（齣）　85
蚩　　85

[55]
屮 部

56
女 部

女　　85

2—3画

奶（*妳）　85
奴　　85
妄　　85
奸（*姦）　85
如　　85
妁　　85
妇（婦）　85
妃　　85
好　　85
她　　85
妈（媽）　85

4画

妍　　85
妩　　85
妪（嫗）　85
妒　　85
妓　　85
妪（嫗）　85

姕	85	娃	86	娘（*孃）	88	媞	89
妙（*玅）	85	姞	87	娮	88	媪	89
妊（*姙）	86	姥	87	婀（*娿）	88	媆	89
妖	86	娅（婭）	87	娷	88	嫂	89
妗	86	姮	87	**8画**		媓	89
姊（*姉）	86	姱	87	娶	88	媛	89
妨	86	姨	87	婪（*惏）	88	婷	89
妫（嬀）	86	娆（嬈）	87	婴（嬰）	88	媂	89
妒（*妬）	86	姻（*婣）	87	婆	88	媄	89
妞	86	姝	87	婧	88	媚	89
姒	86	娇（嬌）	87	娵	88	婿（*壻）	89
妤	86	姤	87	婞	88	媟	89
5画		姶	87	婤	88	**10画**	
妻	86	姚	87	婼	88	媾	89
妹	86	娩	87	媄	88	嫫	89
妹	86	姣	87	婳（嫿）	88	嫄	89
姑	86	姘	87	婍	88	媳	89
妭	86	姹	87	婕	88	媲	89
妵	86	娜	87	娴	88	媱	89
妲	86	**7画**		婗	88	媛（嬡）	89
姐	86	孬	87	娼	88	嫉	89
妯	86	娑	87	婢	88	嫌	89
姓	86	姬	87	婳	88	嫁	89
妗	86	娠	87	婚	88	嫔（嬪）	89
姁	86	娱	87	婘	88	媸	89
姗（*姍）	86	娌	87	婵（嬋）	88	**11画**	
妮	86	娉	87	婶（嬸）	88	嫣	89
姪（婬）	86	娗	87	婠	88	嫱（嬙）	89
始	86	娟	87	婉	88	嫩（*嫰）	89
姆	86	娲（媧）	87	婬	88	嫖（*闝）	89
6画		娥	87	**9画**		嫶	89
契	86	娧（嬐）	87	媭（嬃）	88	嫭	89
娈（孌）	86	娓	87	媒	88	嫦	90
姿	86	娴（嫻）	87	媖	89	嫚	90
娀	86	娣	88	媛	89	嫘	90

嫜　90	驽（駑）90	骏（駿）91	**幺 部**
嫡　90	驾（駕）90	骐（騏）92	幺　92
嫪　90	驵（駔）90	骑（騎）92	幻　92
12画以上	驶（駛）91	骒（騍）92	幼　93
嬉　90	驷（駟）91	骓（騅）92	畿　93
嫽　90	驸（駙）91	骕（驌）92	**60**
嬖　90	驺（騶）91	骖（驂）92	**巛 部**
嬛　90	驹（駒）91	骗（騙）92	甾　93
嬗　90	驺（騮）91	骘（騭）92	邕　93
嬬　90	驻（駐）91	骙（騤）92	巢　93
嬷　90	弦（駭）91	骚（騷）92	**61**
孆　90	驼（駝）91	骛（騖）92	**王 部**
嬿　90	驿（驛）91	骜（驁）92	王　93
嬬　90	驺（駘）91	骝（騮）92	**1—4画**
孅　90	**6—10画**	骞（騫）92	玎　93
57	骂（罵）91	骟（騸）92	玑（璣）93
飞 部	骃（駰）91	骗（騙）92	玕　93
飞（飛）90	骁（驍）91	骙（騤）92	玒　93
[57]	骈（駰）91	骚（騷）92	弄（*衖）93
飛 部	骉（驫）91	**11画以上**	玙（璵）93
58	骊（驪）91	骠（驃）92	玖　93
马 部	骄（驕）91	骡（騾）92	玓　93
马（馬）90	骅（驊）91	骢（驄）92	玘　93
2—4画	骆（駱）91	骣（驏）92	玚（瑒）93
驭（馭）90	骇（駭）91	骤（驟）92	玛（瑪）93
驮（馱）90	骈（駢）91	骥（驥）92	珏　93
驯（馴）90	骉（驫）91	骦（驦）92	玞　93
驰（馳）90	骊（驪）91	骧（驤）92	玩（*翫）93
驱（驅）90	骋（騁）91	骦（驦）92	玮（瑋）93
驲（馹）90	骍（騂）91	骧（驤）92	环（環）93
驳（駁）90	验（驗）91	**[58]**	玡　93
驮（馱）90	骎（駸）91	**馬 部**	玭　93
驴（驢）90	驺（騺）91	**59**	现（現）93
驶（駛）90	骏（駿）91		玫　93
5画			玠　93

玖（瑽）	93	珹	94	珺	95	瑝	96
玢	93	琊	94	望（*塱）	95	瑞	97
玱（瑲）	93	玼	94	**8画**		瑕	97
玥	93	珖	94	琫	96	瑝	97
玫	93	珰（璫）	95	斌	96	瑓	97
玦	94	珠	95	琴（*琹）	96	瑰（*瓌）	97
5画		珽	95	琶	96	瑀	97
珏	94	珦	95	琪	96	瑜	97
珐（*琺）	94	珩	95	瑛	96	瑗	97
玵	94	珧	95	琳	96	瑅	97
珂	94	珣	95	琦	96	瑳	97
珑（瓏）	94	珞	95	琢	96	瑄	97
玶	94	珲	95	琲	96	瑕	97
玷	94	琔	95	琡	96	瑂	97
玴	94	班	95	琥	96	瑑	97
珅	94	珲（琿）	95	琨	96	瑙	97
玳（*瑇）	94	珒	95	琟	96	**10—12画**	
珀	94	珸（璑）	95	琼（瓊）	96	瑧	97
珍（*珎）	94	珢	95	斑	96	璈	97
玲	94	珚	95	琰	96	璃（璢）	97
珠（瓅）	94	翊	95	琮	96	瑨	97
珊（*珊）	94	**7画**		琁	96	瑱	97
珋	94	琎（璡）	95	琯	96	瑶	97
玹	94	球（*毬）	95	琬	96	瑷（璦）	97
玼（*珋）	94	珸	95	琛	96	璃（*琍）	97
珉	94	琏（璉）	95	琭	96	瑭	97
玿	94	琐（瑣）	95	琚	96	瑢	97
珈	94	珵	95	**9画**		瑾	97
玻	94	理	95	瑃	96	璜	97
6画		琄	95	瑟	96	璕	97
珪	94	琇	95	瑚	96	璀	97
珥	94	珷	95	瑓	96	璎（瓔）	97
珙	94	玲	95	瑊	96	璁	97
珛	94	琉（*瑠）	95	瑅	96	璋	97
顼（頊）	94	琅（*瑯）	95	瑁	96	璇（*璿）	98

璆 98
瓎 98
璞 98
璟 98
璠 98
璘 98
璲 98
璒 98
噩 98

13画以上

璱 98
𤩽（瓛）98
璨 98
璩 98
璐 98
璪 98
璬 98
璮 98
瓈 98
瓀 98
瓒（瓚）98
瓘 98
瓇 98
瓖 98

［61］
玉 部

玉 98
玺（璽）98
鋈（鎏）98
瓅 98
璧 98
璺 98

62
无 部

无（無）98

［62］
旡 部

炁 98
既 99
暨 99

63
韦 部

韦（韋）99
韧（韌）99
𫖪（韔）99
韨（韍）99
𬱖（韡）99
韫（韞）99
韪（韙）99
𫖮（韛）99
韬（韜）99

［63］
韋 部

64
木 部

木 99

1画

术（術）99
札（*劄）99

2画

朽 99
朴（樸）99
朳 99
机（機）99
朸 99
权（權）99

3画

杆（*桿）99
杠（*槓）99
杜（*殼）99
材 99
村（*邨）99
杕 99
杖 99
杌 99
杙 99
杏 99
杆 99
杉 99
杓 100
极（極）100
杧 100
杞 100
李 100
杨（楊）100
杈 100
杩（榪）100

4画

枉 100
枅 100
林 100
枝 100
杯（*盃）100
枢（樞）100
枥（櫪）100
柜（櫃）100
枇 100
枑 100
杪 100
杳 100
㭎（棡）100
枘 100
枧（梘）100
杵 100
枚 100
枨（棖）100
析 100
板（闆）100
枔 100
枞（樅）100
松（鬆）100
枪（槍）100
枫（楓）101
构（構）101
杭 101
枋 101
杰（*傑）101
枕 101
杻 101
杷 101
杼 101
枭（梟）101

5画

标（標）101
柰 101
栈（棧）101
𬃊 101
柑 101
枯 101
栉（櫛）101
柯 101
柄 101
柘 101
栊（櫳）101
柩 101
枰 101
栋（棟）101
栌（櫨）101
相 101
查（*査）101

栶	101	梆	102	桩（椿）	104	梳	105
枵	101	栻	102	校	104	梲	105
柚	101	桂	102	核（*覈）	104	梯	105
枳	101	桔	103	样（樣）	104	桫	105
枧	101	栲	103	栟	104	桹	105
柞	102	栳	103	桉	104	椐（櫺）	105
柏（*栢）	102	桠（椏）	103	根	104	梾	105
栃（*櫟）	102	梛	103	栩	104	桶	105
栀（*梔）	102	桓	103	柴	104	梭	105
柃	102	栖（*棲）	103	桀	104	梨（*棃）	105
柢	102	梜（梜）	103	栾（欒）	104	渠（*佢）	105
栎（櫟）	102	桡（橈）	103	桨（槳）	104	梁（*樑）	105
枸	102	桎	103	桼	104	**8画**	
栅（*柵）	102	桢（楨）	103	**7画**		棒	105
柳（*桺）	102	桃	103	梼（檮）	104	楮	105
柊	102	档（檔）	103	械	104	棱（*稜）	105
枹	102	梠	103	梽	104	棋（*棊）	105
柱	102	桐	103	彬	104	椰	105
柿（*柿）	102	桤（榿）	103	梵	104	措	105
栏（欄）	102	株	103	梣	104	植	105
柈	102	梃	103	梗	104	森	105
柠（檸）	102	栝	103	梧	104	棽	105
柁	102	桥（橋）	103	梾（棶）	104	棼	105
柼	102	梅	103	梿（槤）	104	棫	105
柚	102	桝	103	楂	104	椟（櫝）	105
柷	102	柏	103	梢	104	椅	105
柖	102	梴	103	程	104	椓	105
枷	102	桦（樺）	103	梣	104	棑	105
柽（檉）	102	桁	103	梏	104	椒	105
树（樹）	102	栓	103	梅（*楳）	104	椋（*櫂）	105
柴	102	桧（檜）	103	棕	104	棵	105
染	102	桃	103	检（檢）	104	棍	106
架	102	桅	103	桴	104	椤（欏）	106
6画		栒	103	桷	105	椥	106
栽	102	格	103	梓	105	棰（*箠）	106
框	102						

椎　106	楬　107	榫　108	檠（*橄）109
棉　106	椸　107	桥（*橋）108	樾　109
椑　106	楅　107	树　108	穗　109
梔（欂）106	楞　107	槔（*槹）108	橱（*櫥）109
棚　106	椚　107	榴　108	橛（*檿）109
椆　106	楸　107	榱　108	橑　109
椋　106	椴　107	槁（*稾）108	橇　109
棹（*椰）106	梗　107	榜（*牓）108	樵　109
棓　106	槐　107	槟（檳）108	檎　109
棬　106	槌　107	榨（*搾）108	橹（*櫓）109
椪　106	楯　107	榕　108	橦　109
棪　106	榆　107	槠（櫧）108	樽（*鐏）109
棕（*椶）106	椹（槪）107	榷（*搉）108	橜　109
棺　106	梳（*筬）107	榍　108	橙　109
椀　106	椆（橺）107	樋　108	橘　109
榔　106	槎　107	槃　108	橼　109
楗　106	楼（樓）107	槊　108	橐（*橐）109
棣　106	榉（欅）107	槼　108	**13画**
椐　106	楦（*楥）107	**11画**	檬　109
椭（橢）106	概（*槩）107	槽　108	櫺　109
棽（棶）106	楣　107	槿　108	樾　109
棠　106	楹　107	横　108	橄　109
棻　106	楸　107	樯（檣）108	檐（*簷）109
9画	椽　107	槽　108	檞　109
楔　106	**10画**	樕　109	檩（*檁）110
椿　106	榛　107	樗　109	檀　110
椹　106	榧　107	樘　109	檗　110
楪　106	楮　108	樱（櫻）109	**14画以上**
楠（*枏）106	榾　108	橡　109	檫　110
楂（*樝）107	模　108	槲　109	檻　110
楝　107	榑　108	樟　109	檫　110
楷　107	榥（槶）108	橄　109	檽　110
榄（欖）107	槛（檻）108	橥（*櫫）109	櫶　110
楫（*檝）107	榄（欓）108	**12画**	櫼　110
榲　107	榻　108		［64］

木 部

杀（ 殺 ）110
杂（ 雜 ）110
弑　　　110

65
支 部

支　　　110
郂　　　110
颏（ 頦 ）110
翅（*翄 ）110
敧　　　110

66
犬 部

犬　　　110
哭　　　110
献（ 獻 ）110
獃　　　110
獒　　　110

［66］
犭 部

2—4画

犰　　　110
犯　　　110
犴　　　110
犷（ 獷 ）110
犸（ 獁 ）110
狂　　　110
犹（ 猶 ）110
狈（ 狽 ）110
狄　　　110
狙　　　110
狍　　　111

5—6画

狉　　　111
狙　　　111

狒　　　111
狐　　　111
狝（ 獮 ）111
狗　　　111
狍（*麅 ）111
狞（ 獰 ）111
狨　　　111
狒　　　111
狱　　　111
狭（ 狹 ）111
狮（ 獅 ）111
猩　　　111
独（ 獨 ）111
狯（ 獪 ）111
狰　　　111
狡　　　111
狩　　　111
狱（ 獄 ）111
狼　　　111
狲（ 猻 ）111

7画

狞（ 獰 ）111
狴　　　111
狸（*貍 ）111
狷（*獧 ）111
猁　　　111
猃　　　111
猃（ 獫 ）111
猎　　　111
狼　　　111
猛（*獴 ）112
狻　　　112

8画

猜　　　112
猪（*豬 ）112

猎（ 獵 ）112
猫（*貓 ）112
猗　　　112
猇　　　112
猖　　　112
猡（ 玀 ）112
猊　　　112
猞　　　112
猄　　　112
猝　　　112
猕（ 獼 ）112
猛　　　112

9画

猰（*猰 ）112
猢　　　112
猹　　　112
猩　　　112
猥　　　112
猬（*蝟 ）112
猵　　　112
猾　　　112
猴　　　112
猷（*猷 ）112
猸　　　112
猱　　　112

10—13画

猿（*猨 ）112
猺　　　112
獐（*麞 ）112
獍　　　112
獗　　　113
獠　　　113
獴　　　113
獭（ 獺 ）113
獬　　　113

14画以上

獯　　　113
獾（*貛 ）113
玃　　　113

67
歹 部

歹　　　113

2—4画

列　　　113
死　　　113
歼（ 殲 ）113
殁　　　113

5—6画

残（ 殘 ）113
殂　　　113
殃　　　113
殇（ 殤 ）113
殄　　　113
殆　　　113
殊　　　113
殉　　　113

7画以上

殒（ 殞 ）113
殓（ 殮 ）113
殍　　　113
殖　　　113
殚（ 殫 ）113
殛　　　113
殡（ 殯 ）113
殪　　　113
殣　　　113

［67］
歺 部

68

车部

车（車）113
轰（轟）114
輂（輂）114

[68]
车部

1—4画

轧（軋）114
轨（軌）114
轩（軒）114
轪（軑）114
轫（軔）114
轫（韌）114
转（轉）114
轭（軛）114
斩（斬）114
轮（輪）114
軝（軝）114
软（軟）114

5画

钴（鈷）114
轲（軻）114
轳（轤）114
轴（軸）114
轵（軹）114
轶（軼）114
轷（軤）114
轸（軫）114
轹（轢）114
轺（軺）114
轻（輕）114

6画

载（載）114
轼（軾）114

轻（輕）114
轺（軺）114
轿（轎）114
辀（輈）114
辁（輇）115
辂（輅）115
较（較）115

7—8画

辄（輒）115
辅（輔）115
辆（輛）115
辊（輥）115
辋（輞）115
辌（輬）115
辌（輬）115
辍（輟）115
辎（輜）115

9—10画

辏（輳）115
辐（輻）115
辑（輯）115
辒（輼）115
输（輸）115
辔（轡）115
辕（轅）115
辖（轄）115
辗（輾）115

11画以上

辘（轆）115
辙（轍）115
辚（轔）115
辚（轔）115
辔（轡）115
[68]

車部
69
牙部

牙　　115
邪（*衺）115
鸦（鴉）115
殆　　115
雅　　115
掌　　116

70
戈部

戈　　116

1—2画

戊　　116
戎　　116
戌　　116
戍　　116
成　　116
划（劃）116

3—7画

戒　　116
或　　116
戗（戧）116
咸（鹹）116
威　　116
战（戰）116
戚（*慽）116
戛（*戞）116

8—9画

戡　　116
戥　　116
戢　　116
戣　　116

10画以上

戳　　116

戟　　116
戮（*剹）116
戳　　116

71
比部

比　　116
毕（畢）116
坒　　116
皆　　116
毖　　116
毙（*斃）116
琵　　116

72
瓦部

瓦　　116
瓩　　117
瓯（甌）117
瓴　　117
瓷（*甆）117
瓶（*缾）117
瓻　　117
瓿　　117
甄　　117
甃　　117
甏　　117
甑　　117
甓　　117
甗　　117

73
止部

止　　117
此　　117
步　　117
武　　117
歧　　117

肯（*肎）117
些　　　117
雌　　　117

74
支 部

歧　　　117
鼓　　　117
敠　　　117

［74］
攴 部

2—5画

收（*収）117
攽　　　117
政　　　117
故　　　117

6—7画

敖　　　117
效（*効）117
教　　　117
救（*捄）117
敕（*勑）118
敗　　　118
敏　　　118
敛（敛）118
敝　　　118
敢　　　118

8画以上

散（*散）118
敬　　　118
敵　　　118
敦（*敦）118
敩（敩）118
敷　　　118
数（數）118
氂　　　118

漦　　　118
敹　　　118
整　　　118
釐　　　118

75
日（曰）部

曰　　　118
日　　　118

1—3画

旦　　　118
早　　　118
旯　　　118
旮　　　118
旭　　　118
旰　　　118
旱　　　118
旴　　　118
时（時）118
旵　　　118
旷（曠）118
旸（暘）118

4画

昔　　　119
旺　　　119
昊　　　119
昤（暐）119
昙（曇）119
呆　　　119
昃　　　119
昆（*崐）119
昌　　　119
䁖（眤）119
昕　　　119
昇　　　119
昕　　　119

眅　　　119
明　　　119
昒　　　119
易　　　119
昀　　　119
昂　　　119
旻　　　119
昉　　　119
炅　　　119
旿　　　119
智　　　119

5画

春（*旾）119
昚　　　119
昧　　　119
是　　　119
是（*昰）119
昺（*昞）119
晄（曨）119
显（顯）119
映（*暎）120
星　　　120
映　　　120
昨　　　120
眕　　　120
昤　　　120
昫　　　120
曷　　　120
昴　　　120
昱　　　120
眩　　　120
昵（*暱）120
昭　　　120
昇　　　120
昝　　　120

昶　　　120

6画

晋（*晉）120
晅　　　120
晒（曬）120
晟　　　120
晓（曉）120
晊　　　120
晃（*提）120
晔（曄）120
晌　　　120
晁（*鼂）120
晐　　　120
晏　　　120
晖（暉）120
晕（暈）120

7画

晢（*晰）120
曹　　　120
晡　　　121
晤　　　121
晨　　　121
曼　　　121
晦　　　121
晞　　　121
晗　　　121
晚　　　121
眼　　　121
晙　　　121

8画

替　　　121
暂（暫）121
晴　　　121
暑　　　121
最（*冣）121

晰（*晢）121
量 121
晫 121
晶 121
晠 121
晷 121
晾 121
景 121
晬 121
晱 121
智 121
普 121
曽 121

9画

暕 121
暍 121
暖（*煖）121
暜 121
暗（*晻）122
暟 122
暄 122
暇 122
暎 122

10—12画

暖（曖）122
暝 122
暴 122
暵 122
暴 122
暲 122
曎 122
曋 122
曌 122
曒 122
曈 122

瞜 122

13画以上

曚 122
曙 122
曛 122
曛 122
曜 122
曝 122
曦 122
曩 122

[75]
曰 部

冒（*冐）122
冔 122
冕 122

76
贝 部

贝（貝）122

2—4画

则（則）122
财（財）122
责（責）122
贤（賢）123
败（敗）123
账（賬）123
贩（販）123
贬（貶）123
购（購）123
贮（貯）123
货（貨）123
贯（貫）123

5画

贳（貰）123
贵（貴）123
贱（賤）123

贴（貼）123
贶（貺）123
贻（貽）123
贷（貸）123
贸（貿）123
费（費）123
贺（賀）123

6—7画

贽（贄）123
赀（貲）123
贼（賊）123
贿（賄）123
赂（賂）123
赃（贓）123
赅（賅）123
赆（贐）123
赁（賃）123
资（資）123
赉（賚）123
赇（賕）123
赈（賑）123
赊（賒）124

8画

赍（賫）124
赏（賞）124
赋（賦）124
赌（賭）124
赌（賭）124
赎（贖）124
赐（賜）124
赑（贔）124
赒（賙）124
赔（賠）124
赕（賧）124

9画以上

赗（賵）124
赘（贅）124
赙（賻）124
赚（賺）124
赜（賾）124
赠（贈）124
赞（贊）124
赟（贇）124
赡（贍）124

[76]
貝 部

77
水 部

水 124
杀 124
沓 124
浆（漿）124
淼 124

[77]
氵 部

2画

汁 124
汀 124
汇（匯）124
氿 124
汋 124
汈 124
汉（漢）125
氾 125

3画

汗 125
污（*汙）125
江 125
沥（瀝）125
汕 125

汔　　　 125
汐　　　 125
汋　　　 125
汍　　　 125
汲　　　 125
汛　　　 125
氾　　　 125
池　　　 125
汝　　　 125
汤（湯）125
汊　　　 125

4画

沣（灃）125
汪　　　 125
汧　　　 125
汫　　　 125
沅　　　 125
沃（潕）125
沣（潬）125
沄（澐）125
沐　　　 125
沛　　　 125
沔　　　 125
汰　　　 125
沤（漚）125
沥（瀝）125
沌　　　 126
沘　　　 126
沏　　　 126
沚　　　 126
沙　　　 126
汩　　　 126
汨　　　 126
沕（湏）126
沕　　　 126

汽　　　 126
沃　　　 126
沂　　　 126
汶　　　 126
沧（淪）126
泅（*淘）126
汾　　　 126
泛（*氾）126
沧（滄）126
汹　　　 126
沨（渢）126
没　　　 126
沟（溝）126
汴　　　 126
汶　　　 126
沆　　　 126
沩（潙）126
沪（滬）126
沈（瀋）126
沉　　　 126
沁　　　 126
渤　　　 126
沇　　　 126

5画

沫　　　 127
浅（淺）127
法（*灋）127
泔　　　 127
泄（*洩）127
沽　　　 127
沭　　　 127
河　　　 127
泷（瀧）127
泙　　　 127
沾（*霑）127

泸（瀘）127
泪（*淚）127
沮　　　 127
泅　　　 127
油　　　 127
泱　　　 127
洞　　　 127
泅　　　 127
泗　　　 127
泆　　　 127
泊　　　 127
泠　　　 127
泜　　　 127
泺（濼）127
沿　　　 127
泃　　　 127
泖　　　 127
泡　　　 127
注（*註）127
泣　　　 127
泫　　　 127
泮　　　 128
泞（濘）128
沱　　　 128
泻（瀉）128
泌　　　 128
泳　　　 128
泥　　　 128
泯（*冺）128
沸　　　 128
泓　　　 128
沼　　　 128
泇　　　 128
波　　　 128
泼（潑）128

泽（澤）128
泾（涇）128
治　　　 128

6画

洭　　　 128
洼（窪）128
洁（潔）128
洘　　　 128
洱　　　 128
洪　　　 128
洹　　　 128
涷　　　 128
洒（灑）128
洧　　　 128
洏　　　 128
洿　　　 128
浇　　　 128
洌　　　 128
浃（浹）128
浇（澆）129
泚　　　 129
浈（湞）129
狮（獅）129
洗　　　 129
浊（濁）129
洞　　　 129
洇　　　 129
洄　　　 129
测（測）129
洙　　　 129
洗　　　 129
活　　　 129
洑　　　 129
涎（*次）129
洎　　　 129

浉	129	涑	130	涕	131	淮	132
洫	129	浯	130	浣（*澣）	131	淦	132
派	129	酒	130	浪	131	淆（*殽）	132
浍（澮）	129	涞（淶）	130	浸	131	渊（淵）	132
洽	129	涟（漣）	130	涨（漲）	131	淫（*婬）	132
洮	129	涉	130	涩（澀）	131	溯	132
洈	129	消	130	涌（*湧）	131	淝	132
洵	129	涅（*湼）	130	涘	131	渔（漁）	132
泽	129	浬	130	浚（*濬）	131	淘	132
洺	129	涠（潿）	130	**8画**		渺	133
洛	129	涄	130	清	131	淳（*湻）	133
浏（瀏）	129	泿	130	渍（漬）	131	液	133
济（濟）	129	涓	130	添	132	淬（*焠）	133
洨	129	涢（溳）	130	渚	132	涪	133
浐（滻）	129	涡（渦）	131	淩	132	淤	133
洸	129	浥	131	鸿（鴻）	132	淯	133
洋	130	涔	131	淇	132	淰	133
洴	130	浩	131	淋（*痳）	132	淡	133
洣	130	涐	131	淅	132	淙	133
洲	130	涮	131	淞	132	淀（澱）	133
浑（渾）	130	海	131	渎（瀆）	132	涫	133
浒（滸）	130	浜	131	涯	132	淛	133
浓（濃）	130	浟	131	淹（*淊）	132	深（*滨）	133
津	130	涂（塗）	131	涿	132	渌	133
浔（潯）	130	浠	131	渐（漸）	132	涮	133
泺（濼）	130	浴	131	淑	132	涵	133
洳	130	浮	131	淖	132	渗（滲）	133
7画		涤	131	淌	132	淄	133
涛（濤）	130	涣	131	渓	132	**9画**	
浙（*淛）	130	浼	131	混	132	颂（頌）	133
涍	130	涤	131	涸	132	渍（潰）	133
涝（澇）	130	涤（滌）	131	淠	132	湛	133
浡	130	流	131	渑（澠）	132	港	133
浦	130	润（潤）	131	涠	132	渫	133
浭	130	涧（澗）	131	渑（澠）	132	滞（滯）	133

46　氵

溚	133	渼	134	潋	135	潆（濚）	137
溑（溁）	133	溇（漊）	134	滢（浭）	135	潇（瀟）	137
湖	133	湞	134	滫	136	溇	137
湘	133	滋	134	溴	136	漆	137
渣	133	湉	135	潋	136	漕	137
渤	133	湠	135	滢	136	漱（*潄）	137
湮	133	溉	135	滔	136	漂	137
湢	134	渥	135	溪（*谿）	136	滹	137
湝	134	湣	135	溘	136	漫	137
湨	134	湄	135	溜（*霤）	136	潩	137
湜	134	湑	135	滦（灤）	136	潔	137
渺（*淼）	134	滁	135	滈	136	潅	137
湿（濕）	134	溞	135	潻	136	潀	137
温	134	**10画**		溦	136	潋（潋）	137
渴	134	滟（灔）	135	滴（灕）	136	潴（*瀦）	137
渭	134	溱	135	滚	136	漪	137
溃（潰）	134	溢	135	溏	136	潦	137
湍	134	溼（漏）	135	滂	136	潍	137
溅（濺）	134	满（滿）	135	滀	136	漳	137
滑	134	溁	135	溢	136	滴	137
湃	134	漠	135	溯（*泝）	136	漩	137
湫	134	溍	135	滨（濱）	136	漾	137
溲	134	滢（瀅）	135	溶	136	演	137
湟	134	滇	135	滓	136	潵	137
淑	134	溹	135	溟	136	漏	137
渝	134	溥	135	滘	136	滩	137
湋	134	漏	135	溺	136	滲	137
湲	134	溧	135	滍	136	潍（濰）	137
溢	134	滐	135	滩（灘）	136	**12画**	
湁	134	源	135	滪（澦）	136	澅	137
湾（灣）	134	滤（濾）	135	滑	136	潜（*潛）	137
渟	134	滥（濫）	135	**11画**		澍	137
渡	134	混	135	滠	136	澎	138
游（*遊）	134	漏	135	漖	136	澌	138
溠	134	溷	135	潢	136		

潵	138	灂	139	黎	140	牡	140
潮	138	澶	139	**78**		忙（*犛）	140
潜（*潛）	138	濂	139	**见 部**		牣	140
潭	138	潍	139	见（見）140		牦（*犛）	140
潫	138	澼	139	**2—7画**		牧	140
潦	138			觇（覘）140		物	140
潵	138	**14画**		规（規）140		牥	141
潲	138	濡	139	觃（覎）140			
潟	138	濊	139	览（覽）140		**5—6画**	
澳	138	濮	139	觍（覝）140		牯	141
潜	138	濞	139	觉（覺）140		牲	141
潘	138	濠	139	觋（覡）140		特	141
澛（澛）	138	濙	139	觌（覿）140		牺（犧）	141
潼	138	濯	139	觍（覞）140		牷	141
澈	138			觎（覦）140		牸	141
澜（瀾）	138	**15画**		**8画以上**			
潽	138	潋	139	觐（覲）140		**7—8画**	
潾	138	瀑	139	觑（覷）140		牾	141
潺	138	瀄（瀄）	139	觖（覬）140		牻	141
澄（*澂）	138	瀍	139	觏（覯）140		牿	141
潏	138	瀌	139	觐（覲）140		犊（犢）	141
13画		**16画以上**		觐（覿）140		犄	141
濩	138	瀚	139			犋	141
潲	138	瀣	139	**[78]**		犍	141
濑（瀨）	138	瀛	139	**見 部**			
澪	138	灌	139	**79**		**9画以上**	
濒（瀕）	138	瀾	139	**牛 部**		犏	141
濠	138	瀹	139	牛 140		犒	141
濉	138	瀼	139	牟 140		犗	141
潞	138	瀵	139	犁（*犂）140			
澧	138	瀲	139	犇 140		**80**	
澡	139	瀽	139	犟（*勥）140		**手 部**	
澴	139	灏（灝）	139	犨 140		手 141	
激	139	灞	140			挈 141	
澹	139	**[77]**		**[79]**		挚（摯）141	
		水 部		**牛 部**		挛（攣）141	
				2—4画		拳 141	
		泰 140		牝 140		挲（*挱）141	
						掌 141	

掱 141
掣 141
擎 141
擘 141
攀 141

［80］
扌部

1—2画

扎（*紮）141
打 141
扑（撲）141
扒 142
扔 142

3画

扞 142
扛（*摃）142
扣（*釦）142
扦 142
托（*託）142
执（執）142
扩（擴）142
扪（捫）142
扫（掃）142
扬（揚）142
扠 142

4画

扶 142
抚（撫）142
抟（摶）142
技 142
抔 142
抠（摳）142
扰（擾）142
扼（*搤）142
拒 142
扽（*撴）142
找 142
批 142
扯（*撦）142
抄 142
折（摺）142
抓 142
扳 142
抡（掄）142
扮 142
抢（搶）143
抵 143
抑 143
抛（*拋）143
投 143
抃 143
抆 143
抗 143
㧑（撝）143
抖 143
护（護）143
抉 143
扭 143
把（*欛）143
报（報）143
拟（擬）143
抒 143
扨（摟）143

5画

抹 143
拓（*搨）143
拢（攏）143
拔 143
抨 143
拣（揀）143
拤 143
拈 143
担（擔）143
押 143
抻 143
抽 143
拐（*枴）143
拃 143
拖（*拕）144
拊 144
拍 144
拆 144
拎 144
拥（擁）144
抵（*牴）144
拘 144
抱（*菢）144
拄 144
拉 144
拦（攔）144
拌 144
㧟（擓）144
拧（擰）144
抿 144
拂 144
拙 144
招 144
披 144
拨（撥）144
择（擇）144
拚 144
抬（*擡）144
拇 144
拗（*抝）144

6画

拭 144
挂（*罣）144
持 144
拮 144
拷 144
拱 144
挜（掗）145
挝（撾）145
挎 145
挞（撻）145
挟（挾）145
挠（撓）145
挡（擋）145
拽（*擺）145
挺 145
括（*擂）145
挢（撟）145
拴 145
掇（撥）145
拾 145
挑 145
指 145
挣 145
挤（擠）145
拼 145
挓 145
挖（*穵）145
按 145
挥（揮）145
挦（撏）145
挪 145
拯 145
拶 145

7画

捞（撈）145

捕 145
捂（*摀）145
振 145
捎 145
捍（*扞）146
捏（*揑）146
捉 146
捆（*綑）146
捐 146
损（損）146
挹 146
捌 146
捡（撿）146
挫 146
捋 146
捼 146
换（*輓）146
挽 146
捣（搗）146
捃 146
捅（*㛟）146
挨（*捱）146

8画

捧 146
掭 146
揶 146
措 146
描 146
捺 146
掩（*揜）146
捷（*捿）146
捯 146
排 146
捫 146

掉 146
掳（擄）146
掴（摑）147
捵 147
捶（*搥）147
推 147
掉 147
掀 147
授 147
捻 147
掏（*搯）147
掐 147
掬 147
掠 147
掂 147
掖 147
捽 147
培 147
接 147
掷（擲）147
掸（撣）147
掞 147
控 147
捭 147
捐 147
探 147
据（據）147
掘 147
掺（摻）147
掇 147
掼（摜）147

9画

揳 147
揍 147
揕 147

搽 148
搭 148
揸（*摣）148
揠 148
揩 148
揽（攬）148
提 148
揖 148
揾 148
揭 148
摁（*擵）148
揣 148
揪（撅）148
插（*挿）148
揪（*揫）148
搜（*蒐）148
揄 148
援 148
搀（攙）148
揞 148
搁（擱）148
搓 148
搂（摟）148
搅（攪）148
揎 148
搭 148
握 148
摒 148
揆 148
搔 148
揉 148
掾 148

10画

搕 149
摄（攝）149

摸 149
摺（*摺）149
搏 149
摅（攄）149
摁 149
摆（擺）149
携（*攜）149
摅 149
搬 149
摇 149
搞 149
摘 149
搪 149
搒 149
搐 149
搛 149
搠 149
搞 149
摈（擯）149
摧 149
搌 149
搦 149
摊（攤）149
搡 149

11画

摏 149
摽 149
撂 149
摺 149
摞 149
摧 149
撄（攖）150
撖 150
摘 150
摔（*踤）150

撤	150	攃	151	氰	152	牖	152
撖	150	擦	151	氮	152	**85**	
12画		攉	151	氯	152	**斤部**	
撺（攛）150		**15—17画**		氳	152	斤（*觔）152	
撷（擷）150		撷（攛）151		氮	152	欣（*訢）152	
撕	150	攉	151			颀（頎）152	
撒	150	攒（攢）151		**82**		断（斷）152	
揭	150	攘	151	**毛部**		斯	152
撅	150	**18画以上**		毛	152	新	153
撩	150	攫	151	毡（氊）152		劂	153
撑（*撐）150		攥	151	毪	152	**86**	
撮	150	攮	151	酕（*毨）152		**爪部**	
撬	150	**[80]**		毳	152	爪	153
播	150	**龵部**		毯	152	爬	153
擒	150	拜	151	毽	152	**[86]**	
撸（擼）150		看	151	毵（毿）152		**爫部**	
撈	150	掰	151	毹	152	孚	153
撞	150	**81**		氅	152	妥	153
撤	150	**气部**		氇（氌）152		采（*採）153	
搏	150	气（氣）151		氆	152	觅（覓）153	
撣（攙）150		氕	151	氍	152	爱	153
撰（*譔）150		氘	151			舀	153
13画		氖	151	**83**		爱（愛）153	
擀	150	氙	151	**长部**		奚	153
撼	150	氚	151	长（長）152		舜	153
擂	150	氛（*雰）151		**[83]**		孵	153
操（*捵）150		氡	151	**镸部**		爵	153
擐	150	氟	151	肆	152	鬶	153
擅	150	氢（氫）151		**[83]**		**87**	
撽（擻）150		氩（氬）151		**長部**		**父部**	
擗	151	氤	151	**84**		父	153
14画		氦	151	**片部**		爷（爺）153	
擩	151	氧	151	片	152	斧	153
擤（*捊）151		氨	151	版	152	爸	153
摘	151	氪	152	牍（牘）152		釜	153
				牌	152		
				牒	152		

爹　　153

88
月 部

月　　153

1—3画

刖（*朔）153
肌　　153
肋　　153
肝　　153
肟　　153
肛　　153
肚　　153
肘　　153
肜　　153
肠（腸）154

4画

胏　　154
肤（膚）154
肮　　154
肺（膊）154
肺　　154
肢　　154
肽　　154
肱　　154
肫　　154
肿（腫）154
胸　　154
胀（脹）154
肸　　154
朋　　154
欻（*膁）154
股　　154
肮（骯）154
肪　　154
肥　　154

服　　154
胁（脅）154

5画

胡（鬍）154
胨　　154
胠　　154
胋　　154
胚（*肧）154
胧（朧）154
胈　　154
胨（腖）154
胖　　154
胪（臚）154
胆（膽）155
胛　　155
胂　　155
胜（勝）155
胙　　155
胣　　155
胍　　155
胗　　155
胝　　155
胸　　155
胞　　155
胖（*胖）155
脉（*脈）155
胐　　155
胫（脛）155
胎　　155

6画

胯　　155
胰　　155
胱　　155
胴　　155
胭（*臙）155

胸　　155
脍（膾）155
脎　　155
脁　　155
脆（*脃）155
脂　　155
胸（*臂）155
胳（*肐）155
脏（髒）155
脐（臍）155
胶（膠）155
脑（腦）156
胲　　156
胼　　156
朕　　156
胼　　156
胺　　156
脓（膿）156
朔　　156
朗　　156

7画

脚（*腳）156
脖（*頜）156
脯　　156
胫　　156
豚　　156
脱　　156
脚（膈）156
脢　　156
脸（臉）156
脛　　156
脪　　156
脬　　156
脐　　156
脱　　156

胎　　156
脘　　156
脲　　156
脧　　156

8画

期（*朞）156
腈　　156
腖　　156
腊（臘）156
腌（*醃）156
腓　　157
腘（膕）157
腆　　157
腡　　157
腴　　157
脾　　157
腋　　157
腑　　157
腙　　157
腚　　157
腔　　157
腕　　157
腱　　157
腒　　157

9画

腻（膩）157
腠　　157
腩　　157
腰　　157
腼　　157
腽　　157
腥　　157
腮（*顋）157
腭（*齶）157
腨　　157

腹　　　　157
腺　　　　157
腉　　　　157
腊　　　　157
腧　　　　157
鹏（鵬）157
塍（*塆）157
塍　　　　157
腾（騰）158
膢（膢）158
腿（*骽）158

10画

膜　　　　158
膊　　　　158
膈　　　　158
膀（*髈）158
腶（膇）158

11画

膵（*脺）158
膝（*厀）158
膘（*臕）158
膛　　　　158
膤　　　　158
膣　　　　158
膣　　　　158

12画

膨　　　　158
膰　　　　158
膪　　　　158
膳（*饍）158
腾　　　　158
膝　　　　158
膦　　　　158
膦　　　　158
赢　　　　158

13画

臌　　　　158
朦　　　　158
臊　　　　158
膻（*羴）158
臁　　　　158
臆（*肊）158
臃　　　　158
赢（赢）158

14画以上

臑　　　　159
臘（臘）159
赢　　　　159
赢　　　　159
臜（臜）159
臞　　　　159

[88]
月部

有　　　　159
肓　　　　159
肾（腎）159
肴（*餚）159
育　　　　159
背（*揹）159
胄　　　　159
脊　　　　159
膂　　　　159
臀　　　　159
臀（*臋）159
臂　　　　159

89
氏部

氏　　　　159
氐　　　　159
昏（*昬）159

90
欠部

欠　　　　159

2—7画

欤（欤）159
欧（歐）159
欬　　　　159
欷　　　　159
欸　　　　159

8画以上

款（*欵）159
欺　　　　159
歆　　　　159
欻　　　　159
歇　　　　159
歇　　　　160
歃　　　　160
歌（*謌）160
歉　　　　160
歔　　　　160
歙　　　　160
歠　　　　160

91
风部

风（風）160
飏（颺）160
飐（颭）160
飑（颮）160
飔（颸）160
飕（颼）160
飗（飀）160
飙（颷）160
飖（颻）160
飘（飄）160
飙（飆）160

[91]
風部

92
殳部

殳　　　　160
殴（毆）160
段　　　　160
殷（*慇）160
殽　　　　160
殻　　　　160
毂（轂）160
毁（*燬）160
殿　　　　160
彀　　　　160
彀（彀）160
毅　　　　160
縠　　　　160
觳　　　　160

93
文部

文　　　　161
刘（劉）161
吝（*悋）161
忞　　　　161
斋（齋）161
紊　　　　161
斌　　　　161
斓（斕）161

94
方部

方　　　　161
邡　　　　161
放　　　　161
於　　　　161
施　　　　161

旁　　　161
旆　　　161
旄　　　161
旂　　　161
旅　　　161
斿　　　161
旌　　　161
族　　　161
旎　　　161
旋（鏇）161
旐　　　161
旒　　　161
旗（*斿）161
旖　　　161
籏　　　161

95
火 部
火　　　161

1—3画
灰　　　161
灯（燈）161
灸　　　161
灶（竈）162
灿（燦）162
灼　　　162
炾（*炾）162
炀（煬）162

4画
炙　　　162
炜（煒）162
沤（熰）162
炬　　　162
炖（*燉）162
炒　　　162
炘　　　162

炝（熗）162
炮（熗）162
炊　　　162
炆　　　162
炕（*匟）162
炎　　　162
炉（爐）162
炔　　　162

5画
炯　　　162
炳　　　162
炻　　　162
炼（煉）162
炟　　　162
畑　　　162
炽（熾）162
炯（*烱）162
炸（*煠）162
烀　　　162
烠　　　162
烁（爍）162
炮（*砲）163
炷　　　163
炫（*衒）163
烂（爛）163
烃（烴）163

6画
烤　　　163
烘　　　163
烜　　　163
烠　　　163
烦（煩）163
烧（燒）163
烛（燭）163
烔　　　163

烟（*菸）163
烻　　　163
烶　　　163
烨（燁）163
烩（燴）163
烙　　　163
烊　　　163
焊（燖）163
烬（燼）163
烫（燙）163

7—8画
焐　　　163
焊（*釬）163
焆　　　163
烯　　　163
焓　　　163
焕　　　163
烽　　　163
焖（燜）163
烷　　　163
焗　　　164
焗　　　164
焌　　　164
焚　　　164
煛　　　164
焯　　　164
焜　　　164
焮　　　164
焰（*燄）164
焞　　　164
焙　　　164
焯（燀）164
焱　　　164

9画
煲　　　164

煤　　　164
煁　　　164
煳　　　164
煃　　　164
煴　　　164
煋　　　164
煜　　　164
煨　　　164
煴　　　164
煅　　　164
煌　　　164
煊　　　164
煸　　　164
煺（*煺）164
煣　　　164

10—11画
熄　　　164
熘　　　164
熇　　　165
熔　　　165
煽　　　165
熥　　　165
熛　　　165
熳　　　165
熜　　　165
熵　　　165
熠　　　165
熨　　　165

12画
燎　　　165
燋　　　165
燠　　　165
燏　　　165
燔　　　165

燃　　　165
燧　　　165
燊　　　165
燚　　　165
燔　　　165

13画以上

燥　　　165
燹　　　165
爆　　　165
爔　　　165
爐（*爐）165
爌　　　165
爔　　　165
爒　　　165
爚　　　165
爛　　　165
爝　　　165
爨　　　165

[95]
灬部

4—8画

点（點）165
热（熱）166
烈　　　166
烝　　　166
煮（煑）166
煮（*煑）166
然　　　166

9画以上

煦　　　166
照（*炤）166
煞　　　166
煎　　　166
熬　　　166
熙（*熈）166
熏（*燻）166

熊　　　166
熟　　　166
燕（*鷰）166

96
斗部

斗（鬥）166
斜　　　166
斝　　　166
斟　　　166
斠　　　166

97
户部

户　　　166
启（啓）166
所（*阞）166
戾　　　166
肩　　　166
房　　　166
戽　　　166
启　　　166
扁　　　166
扃　　　166
扆　　　166
扅　　　167
扇（*搧）167
扈　　　167
扉　　　167
雇（*僱）167
扊　　　167

98
心部

心　　　167

1—4画

忑　　　167
志　　　167

忘　　　167
忍　　　167
态（態）167
忠　　　167
伀（慫）167
忽　　　167

5画

怎　　　167
怹　　　167
怨　　　167
急　　　167
总（總）167
怒　　　167
怼（懟）167

6画

恝　　　167
恚　　　167
恐　　　167
恶（惡）167
恩（*恩）167
恁　　　167
恋（戀）167
恣　　　167
恕　　　167

7—8画

悬（懸）167
患　　　168
悠　　　168
您　　　168
惠（*叀）168
惎　　　168
惠　　　168
惑　　　168
惩（懲）168

9—10画

想　　　168
感　　　168
愚　　　168
愁　　　168
愆（*諐）168
慈　　　168
憨（*憃）168
愿　　　168
愬　　　168

11画

慧　　　168
慭（憖）168
憋　　　168
憨　　　168
慰　　　168

12画以上

憩（*憇）168
懑　　　168
懋　　　168
懋　　　168
懑（懣）168
戁（戁）168

[98]
忄部

1—4画

忆（憶）168
忉　　　168
忖　　　168
忏（懺）168
忙　　　169
怃（憮）169
忮　　　169
怀（懷）169
怄（慪）169
忧（憂）169

忙 169
忡（＊憃）169
忤（＊怊）169
忾（憒）169
怅（恨）169
忻 169
松 169
怆（傖）169
忮 169
忭 169
忱 169
快 169
忸 169

5画

怔 169
怯 169
怙 169
怵 169
怖 169
怦 169
怗 169
怛 169
怏 169
性 169
怍 169
怕 169
怜（憐）169
怡（懰）170
怩 170
怫 170
怊 170
怿（懌）170
怪（＊恠）170
怡 170

6画

恸（慟）170
恃 170
恒（＊恆）170
恓 170
恹（懨）170
恢 170
恍（＊怳）170
恫（＊痌）170
恺（愷）170
恻（惻）170
恬 170
恤（＊卹）170
恰 170
恂 170
恪 170
恔 170
恼（惱）170
恽（惲）170
恨 170

7画

悈 170
悖（＊誖）170
悚 170
悟 170
悭（慳）170
悄 170
悍（＊扞）171
悝 171
悃（＊綑）171
悒 171
悔 171
悯（憫）171
悦 171
悌 171
悢 171

俊 171

8画

情 171
惬（愜）171
悻 171
悻 171
惜 171
惭（慚）171
悱 171
悼 171
惝 171
惧（懼）171
惕 171
惆 171
惘 171
悸 171
惟 171
惆 171
惜 171
惚 171
惊（驚）171
惇（＊憛）171
惦 171
悴（＊顇）171
惮（憚）172
惔 172
惊 172
惋 172
惨（慘）172
惙 172
惯（慣）172

9画

愤（憤）172
慌 172
惰 172

恬 172
愠 172
惺 172
愤（憒）172
愕 172
惴 172
愣 172
愀 172
愎 172
惶 172
愧（＊媿）172
愉 172
愔 172
愃 172
慨（＊嘅）172

10画

愫 172
愲 172
慑（懾）172
慎（＊昚）172
慥 172
慆 172
慊 172

11画

懂 173
慓 173
慢 173
慷（＊忼）173
慵 173

12画

懂 173
憭 173
憬 173
憔（＊癄）173
懊 173

憧　　　173
憎　　　173
憕　　　173

13画

憷　　　173
懒（懶）173
憾　　　173
憻　　　173
懈　　　173
懔（*懍）173

14画以上

懦　　　173
懵（*懞）173

[98]
小部

忝　　　173
恭　　　173
隳　　　173

99
毋部

毋　　　173

[99]
母部

母　　　173
每　　　173
毑　　　173
毒　　　173
毓　　　173

100
示部

示　　　173
祟　　　173
祭　　　174
禁　　　174

[100]

礻部

1—4画

礼（禮）174
祁　　　174
礽　　　174
社　　　174
祀（*禩）174
祃（禡）174
祆　　　174
祎（褘）174
祉　　　174
视（視）174
祈　　　174
祇　　　174
祋　　　174
祊（*祊）174

5画

祛　　　174
祜　　　174
祐　　　174
祐　　　174
祓　　　174
祖　　　174
神　　　174
祝　　　174
祚　　　174
祗　　　174
祢（禰）174
祕　　　174
祠　　　174

6画以上

祯（禎）174
祧　　　174
祥　　　174
祷（禱）175

祸（禍）175
褉　　　175
裱　　　175
祺　　　175
裸　　　175
禅（禪）175
禄　　　175
褉　　　175
福　　　175
裡　　　175
褆　　　175
褅　　　175
褖　　　175
禛　　　175
禚　　　175
禤　　　175
禧　　　175
禳　　　175

101
甘部

甘　　　175
邯　　　175
某　　　175
甚　　　175

102
石部

石　　　175

2—4画

矶（磯）175
矸　　　175
矼　　　175
矻　　　175
矽　　　175
矾（礬）175
矿（礦）175

砀（碭）175
码（碼）176
耆　　　176
研　　　176
砆　　　176
砖（磚）176
砗（硨）176
砑　　　176
砘　　　176
砒　　　176
砌　　　176
砂　　　176
泵　　　176
砚（硯）176
斫（*斲）176
砭　　　176
砍　　　176
砜（碸）176
砄　　　176

5画

砝　　　176
砹　　　176
砵　　　176
砸　　　176
砺（礪）176
砰　　　176
砧（*碪）176
砷　　　176
砟　　　176
砼　　　176
砥　　　176
砾（礫）176
砫　　　177

砬（*磖）177	硲	178	碥	179	**103**	
砣	177	硝	178	**10画**		**龙 部**	
础（礎）177	碍（礙）178	磕	179	龙（龍）180	
破	177	碘	178	磊	179	垄（壟）180
砼（硜）177	碓	178	磔	179	龚（龔）180
岩（礜）177	碑	178	磙	179	砻（礱）180
硌	177	硼	178	磅	179	聋（聾）180
6—7画		碉	178	磏	179	龛（龕）180
砉	177	碚	178	碾	179	袭（襲）180
硎	177	碎	178	磉	179	詟（讋）180
硅	177	碴	178	磐	179	**〔103〕**
硖	177	碰（*掽）178	**11画**		**龍 部**	
硐	177	碑（碑）178	磬	179	**104**	
硒	177	碇（*矴）178	磝	179	**业 部**	
硕（碩）177	碜	178	磺	179	业（業）180
硪（磑）177	碗（*椀）178	磡	179	邺（鄴）180
硖（硤）177	碌（*磟）178	磲	179	凿（鑿）180
硗（磽）177	碜	178	磢	179	黹	180
硐	177	**9画**		**12画以上**		黻	180
硇（*硇）177	碧	178	礓	179	黼	180
硚（礄）177	碶	178	礌	179	**105**
砸（*砈）177	碡	178	礁	179	**目 部**	
硊	177	碟	178	礂	179	目	180
硌	177	碴（*碴）178	礅	179	**2—4画**	
硍	177	碱（*硷）178	磷（*粦）179	盯	180
砦	177	磅	178	磴	179	盱	180
硬	177	碳（礵）178	礞	179	盲	180
硵（磠）177	碣	178	礓	179	省	180
硝	177	碨	178	礴	179	眄	180
硪	177	碍	178	礤	179	眍（瞘）180
确（確）177	碳	178	礤	179	盹	180
硫	177	碲	179	礵	180	眇（*眑）180
8画		磋	179	礴	180	眈（瞅）180
碃	178	磁	179	礳	180	眊	180
碛（磧）178	碹	179	礷	180	盼	180

盼 180
眨 180
眴 181
眈 181
眉 181

5—7画

眬（矓）181
眩 181
眠 181
眙 181
智 181
眶 181
眭 181
眦（＊眥）181
眺（＊覜）181
眵 181
眝 181
睐（＊睞）181
眼 181
眸 181
眷（＊睠）181
睐（＊睒）181
睐（睞）181
睄 181
睎 181
睑（瞼）181
睇 181
睆 181
睃 181

8画

督 181
睛 181
睹（＊覩）181
睦 181
睖 181

瞄 181
睚 182
睫 182
睞（睞）182
睡 182
睨 182
睢 182
睥 182
睬（＊保）182

9—10画

睿（＊叡）182
瞅（＊䀛）182
瞍 182
瞜（瞜）182
瞎 182
督 182
瞌 182
瞒（瞞）182
瞋 182
瞎 182
瞑 182

11画以上

瞟 182
瞠 182
瞰（＊矙）182
瞥 182
瞫 182
瞭 182
瞧 182
瞬 182
瞳 182
瞵 182
瞩（矚）182
瞪 182
瞻 182

106
田 部

田 183

2—3画

町 183
男 183
畀 183

4画

畎 183
畏 183
毗（＊毘）183
胃 183
畋 183
畈 183
界 183
畇 183
思 183

5—6画

畖 183
畛 183
畔 183
留（＊畱）183
畜 183
畦 183
畤 183
略（＊畧）183
累（纍）183

7画以上

畴（疇）183
畯 183
替 183
畸 183
畹 183
畽 183
畽 183

嬲 183
畾 183

107
罒 部

3—8画

罗（羅）183
罘 184
罚（罰）184
罟 184
罝（罷）184
罥 184
罡 184
罦 184
罨 184
署 184
置（＊寘）184
罳 184
罪（＊辠）184
罩 184
蜀 184

9画以上

罴（羆）184
罱 184
罳 184
罶（＊卵）184
罹 184
羁（羈）184
屬 184
罾 184

108
皿 部

皿 184

3—5画

盂 184
盅 184

盈　　　　184
盏（ 盞 ）184
盐（ 鹽 ）184
盍（*盇）184
监（ 監 ）184
盎　　　　184
益　　　　184

6—9画

盔　　　　185
盛　　　　185
盗　　　　185
盟　　　　185
盏　　　　185

10画以上

盥　　　　185
盥　　　　185
盬　　　　185
蠲　　　　185

**109
生 部**

生　　　　185
甡　　　　185
牲　　　　185
甦　　　　185
甥　　　　185

**110
矢 部**

矢　　　　185
知　　　　185
矩（*榘）185
矧　　　　185
矫（ 矯 ）185
短　　　　185
矬　　　　185
矮　　　　185

雉　　　　185
矰　　　　185
矱　　　　185

**111
禾 部**

禾　　　　185

2—3画

利　　　　185
秃　　　　185
秀　　　　185
私　　　　185
秆（*稈）185
和（*龢）185
季　　　　186
委　　　　186

4画

秬　　　　186
秕（*粃）186
秒　　　　186
种（ 種 ）186
秭　　　　186
秋（ 鞦 ）186
科　　　　186

5画

秦　　　　186
乘（*乗）186
秣　　　　186
秫　　　　186
秤　　　　186
租　　　　186
积（ 積 ）186
秧　　　　186
盉　　　　186
秩　　　　186
称（ 稱 ）186

秘（*祕）186

6—7画

秸（*稭）186
稆（*穭）186
秽（ 穢 ）186
移（*迻）186
秾（ 穠 ）186
嵇　　　　186
稍　　　　186
程　　　　186
稌　　　　186
稀　　　　186
稃　　　　186
税　　　　187
稂　　　　187

8画

稑　　　　187
稙　　　　187
稞　　　　187
稚（*穉）187
稗（*粺）187
稔　　　　187
稠　　　　187
稷（ 穄 ）187

9—10画

稳（ 穩 ）187
稹　　　　187
稽　　　　187
稷　　　　187
稻　　　　187
稿（*稾）187
稼　　　　187

11画以上

穑（ 穡 ）187
穆　　　　187

穄　　　　187
穗（*穂）187
穄　　　　187
穜　　　　187
穟　　　　187
穰　　　　187

**112
白 部**

白　　　　187

1—8画

皀　　　　187
皂（*皁）187
兒　　　　187
帛　　　　187
的　　　　187
皇　　　　187
泉　　　　188
皈　　　　188
皋（*皐）188
皖　　　　188
皑（ 皚 ）188
皎　　　　188
皓（*暠）188
皖　　　　188
皙　　　　188

9画以上

魄　　　　188
皝　　　　188
皞　　　　188
皛　　　　188
皤　　　　188
皦　　　　188
皭　　　　188

**113
瓜 部**

瓜　　　188
㼎　　　188
瓟　　　188
瓢　　　188
瓤　　　188

114
鸟部
鸟（鳥）188

2—4画
鸠（鳩）188
鸤（鳲）188
鸥（鷗）188
鸧（鶬）188
鸨（鴇）188
䴔（鴂）188
鸩（鴆）188

5画
鸪（鴣）188
鸫（鶇）188
鸬（鸕）188
鸭（鴨）189
鸮（鴞）189
鸯（鴦）189
鸰（鴒）189
鸱（鴟）189
鸲（鴝）189
鸵（鴕）189
鸳（鴛）189
鸴（鷽）189
鸶（鷥）189

6—7画
鸷（鷙）189
鸸（鴯）189
鸽（鴿）189

鸾（鸞）189
鸡（鷄）189
鸩（鴮）189
鸪（鴣）189
鸰（鴒）189
鹐（鵮）189
鹏（鵬）189
鹄（鵠）189
鹆（鵒）189
鹅（鵝）189
鸷（鷙）189
鹇（鷳）189
鹈（鵜）189

8画
鹉（鵡）189
鹊（鵲）189
鹋（鶓）189
鹌（鵪）189
鹍（鵾）189
鹎（鵯）190
鹏（鵬）190
鹐（鵮）190
鹑（鶉）190
鹒（鶊）190
鹓（鵷）190
鹔（鷫）190

9画
鹕（鶘）190
鸥（鷗）190
鹗（鶚）190
鹖（鶡）190
鹘（鶻）190
鹗（鶚）190
鹙（鶖）190
鹚（鷀）190
鹛（鶥）190
鹜（鶩）190

鹏（鵬）190
鹜（鶩）190

10画
鹝（鷊）190
鹞（鷂）190
鹟（鶲）190
鹠（鶹）190
鹡（鶺）190
鹢（鷁）190
鹣（鶼）190
鹤（鶴）190

11画以上
鹭（鷺）190
鹦（鸚）190
鹧（鷓）190
鹨（鷚）190
鹩（鷯）190
鹪（鷦）190
鹫（鷲）191
鹬（鷸）191
鹭（鷺）191
鹮（鹮）191
鹯（鸇）191
鹰（鷹）191
鹱（鸌）191
鹲（鸏）191
鹳（鸛）191
鹴（鸘）191

［114］
鳥部

115
疒部
2—4画

疗　　　191
疔（療）191
疖（癤）191
疟（瘧）191
疠（癘）191
疝　　　191
疙　　　191
疚　　　191
疡（瘍）191
疬（癧）191
疣（*肬）191
疥　　　191
疯（癡）191
疮（瘡）191
疯（瘋）191
疫　　　191
疢　　　191
疤　　　191

5画
症（癥）191
疳　　　191
疴（*痾）191
病　　　192
疰　　　192
疸　　　192
疽　　　192
疼　　　192
疾　　　192
痄　　　192
疹　　　192
痈（癰）192
疼　　　192
疱（*皰）192
痉　　　192
疰　　　192

痂 192	痰 193	癫（癲）194	**1—6画**
疲 192	瘆（瘆）193	瘤 194	究 195
痙（痙）192	**9—10画**	癔 194	穷（窮）195
6—7画	瘐 193	癥 194	空 195
痔 192	瘩（*瘩）193	癣 194	帘（簾）195
痏 192	瘌 193	**14画以上**	岁 195
痍 192	瘥（瘥）193	癣（癬）194	穹 195
痓 192	瘟 193	癫（癲）194	突 195
疵 192	瘦 193	癯 194	穿 195
痊 192	瘊 193	**116**	窀 195
疼 192	瘗 193	**立 部**	窃（竊）195
痒（癢）192	瘘（瘻）193	立 194	窆 195
痕 192	瘕 193	**1画**	窍（竅）195
痣 192	瘙 193	产（產）194	窅 195
痨（癆）192	瘛 193	**3—6画**	窄 195
瘩（*疡）192	瘼 193	姜 194	窊 195
痘 192	瘭 193	竖（竪）194	窎 195
痞 192	瘰（瘰）193	亲（親）194	鸾（鴬）195
痢 192	瘢 193	竑 194	窈 195
痤 192	瘤（*瘤）194	飒（颯）194	窒 195
痪 193	瘠 194	站 194	窑（*窯）195
痫（癇）193	瘫（癱）194	竞（競）194	窕 195
痧 193	**11—13画**	竘 195	**7画以上**
痛 193	癀 194	竫 195	窜（竄）195
8画	癉 194	翊 195	窝（窩）196
瘃 193	癃 194	**7画以上**	窗（*窗）196
痱（*痱）193	癭（瘿）194	竦 195	窘 196
痹（*痹）193	癔 194	童 195	窥（窺）196
瘤 193	瘴 194	竣 195	窦（竇）196
痴（*癡）193	癄 194	靖 195	窠 196
痿 193	癍（瘾）194	竭 195	窣 196
瘐 193	瘸 194	端 195	窟 196
痒 193	瘳 194	**117**	窬（*踰）196
瘀 193	癌 194	**穴 部**	窨 196
瘅（癉）193	癌 194	穴 195	窨 196

窭（窶）196
窳　196
窸　196
窿　196
竂　196

118
疋部

胥　196
疍　196
蛋　196
楚　196
疐（*疐）196

[118]
疋部

疏（*疎）196

119
皮部

皮　196
皱（皺）196
鞁（鞁）196
颇（頗）196
皴　196

120
癶部

癸　196
登　196
凳（*櫈）196

121
矛部

矛　196
柔　196
矜（*矜）197
矞　197
蟊　197

122

耒部

耒　197
籽　197
耕（*畊）197
耘　197
耖　197
耗　197
耙（*耰）197
耜　197
耠　197
耢（耮）197
耤　197
耥　197
耦　197
耧（耬）197
耩　197
耨（*鎒）197
耪　197
耰　197
耱　197
糖　197

123
老部

老　197
耆　197
耄　197
耋　197

[123]
耂部

考（*攷）197
孝　197
者　197
耇（*耈）197

124
耳部

耳　197

2画

耵　198
耶　198
取　198

4画

耻（*恥）198
耿　198
耽（*躭）198
聂（聶）198
耸（聳）198

5—10画

职（職）198
聘（*娉）198
聆　198
聊　198
聍（聹）198
聒　198
联（聯）198
聘　198
聚　198
聩（聵）198
聪（聰）198
鳌　198

125
臣部

臣　198
卧（*臥）198
臧　198

126
西（西）部

西　198
要　198
栗（*慄）198
贾（賈）198

耳　197

2画

耵　198
耶　198
取　198

票　198
覃　198
粟　198
覆　198

127
而部

而　198
耐　199
耏　199
耍　199
恧　199
鸸（鴯）199

128
页部

页（頁）199

2—3画

顶（頂）199
顺（順）199

4画

顽（頑）199
顾（顧）199
顿（頓）199
颁（頒）199
颂（頌）199
颃（頏）199
预（預）199

5—7画

颅（顱）199
颌（頜）199
领（領）199
颈（頸）199
颉（頡）199
颊（頰）199
颋（頲）199
颐（頤）199

颌（頜）199
颒（頮）199
颏（頦）199
颎（熲）199
颋（頲）199
颌（頠）199
颒（頢）199
颐（頤）199
频（頻）199
颓（頹）200
颔（頷）200
颕（穎）200
颖（頠）200

8—9画
颗（顈）200
颙（顒）200
题（題）200
颛（顓）200
颚（顎）200
颙（顙）200
颜（顔）200
额（額）200

10—12画
颞（顳）200
颟（顢）200
颠（顛）200
颡（顙）200
颢（顥）200
颣（纇）200

13画以上
颤（顫）200
颥（顬）200
颦（顰）200
颧（顴）200
[128]

頁部
129
至部
至　　200
到　　200
郅　　200
致（緻）200
臻　　200

130
虍部
虏（虜）200
虐　　200
虔　　200
虑（慮）200
虚　　200
虞　　201

[130]
虎部
虎　　201
虒　　201
彪　　201
虢　　201
虤　　201

130
虫部
虫（蟲）201
1—3画
虬（*虯）201
虮（蟣）201
虱（蝨）201
虷　　201
虹　　201
虾（蝦）201
虸　　201
虺（*蟲）201

蚁（蟻）201
蚂　　201
蚂（螞）201
蚤　　201
蚃（蠁）201

4画
蚕（蠶）201
蚌（*蛘）201
蚨　　201
蚜　　201
蚍　　201
蚋　　201
蚬（蜆）201
蚝（*蠔）201
蚧　　201
蚡　　201
蚣　　201
蚊（*螡）201
蚧　　202
蚪　　202
蚓　　202
蚍　　202

5画
蚶　　202
蚯　　202
蚲　　202
蛎（蠣）202
蚱　　202
蛛（蝀）202
蛆　　202
蚰　　202
蚺　　202
蛊（蠱）202
蚱　　202
蚯　　202

蚙　　202
蛀　　202
蛇（*虵）202
蛏（蟶）202
蚴　　202

6画
蛩　　202
蛰（蟄）202
蛙（*鼃）202
蛱（蛺）202
蛲（蟯）202
蛏　　202
蛳（螄）202
蛐　　202
蛔（*蚘）202
蛛　　202
蜓　　202
蛞　　203
蜓　　203
蛤　　203
蛴（蠐）203
蛟　　203
蛑　　203
蜇　　203
蛮（蠻）203

7画
蜇　　203
蜐　　203
蛸　　203
蜈　　203
蜎　　203
蜗（蝸）203
蛾　　203
蜊　　203
蜉　　203

蜉	203	蝎（*蠍）204	蟀 205	缸（*甌）206
蜂（*蜂）203	蝌 204	蝨 205	缺 206
蛹 203	蝮 204	**12画**	䥽 206
蜕 203	螋 204	螬 205	罂（罌）206
蛹 203	蝗 204	螃 205	罄 206
8画	蝓 204	螟 205	罅 206
蜻 203	蝣 204	螗 205	罐（*鑵）206
蜞 203	蝼（螻）204	蟑 205	**134**
蜡（蠟）203	蝤 204	螺 205	**舌 部**
蜥 203	蝙 204	蟠 205	舌 206
蜮（*魊）203	蝥 204	蟓 205	乱（亂）206
螺 203	**10画**	**13画**	刮（颳）206
蝈（蟈）203	螯 204	蟆 205	敌（敵）206
蜴 203	蟒 204	蟒 205	舐 206
蝇（蠅）203	螨（蟎）204	蠋 205	甜 206
蜘 203	蟒 205	蟾 205	鸹（鴰）206
蜱 204	蟆（*蟇）205	蠊 206	辞（辭）206
蛔 204	螈 205	蟹（*蠏）206	舔 206
蜷（*踡）204	蜻 205	**14画**	**135**
蝉（蟬）204	螅 205	蠖 206	**竹（⺮）部**
蜿 204	螭 205	蠕（*蝡）206	竹 206
螂（*蜋）204	螗 205	**15画以上**	**2—4画**
蜢 204	螃 205	蠢（*惷）206	竺 206
蜣 204	蟛 205	蠡 206	竿 207
9画	螂 205	蠹（*蠧）206	竽 207
蝽 204	**11画**	蠼（*蠷）206	笈 207
蝶（*蜨）204	螯 205	**132**	笃（篤）207
蝻（蝻）204	螨 205	**肉 部**	竿 207
蝾（蠑）204	螬（蠰）205	肉 206	笕（筧）207
蝴 204	螬 205	胬 206	笔（筆）207
蝻 204	螵 205	胾 206	笑（*咲）207
螋 204	螳 205	胔 206	笊 207
蝲 204	螺 205	脔（臠）206	第 207
蝠 204	蟋 205	**133**	笏 207
蛰 204	蟑 205	**缶 部**	笋（*筍）207
		缶 206	

笆　　　　207

5画

笺（箋）207
笳　　　　207
笨　　　　207
笪　　　　207
笼（籠）207
笪　　　　207
笛　　　　207
笙　　　　207
笮（*筰）207
符　　　　207
笱　　　　207
笠　　　　207
笥　　　　207
第　　　　207
笯　　　　207
笤　　　　207
笳　　　　207
迳（邐）207
笞　　　　207

6画

筐　　　　208
筀　　　　208
等　　　　208
筘（*篋）208
筑（築）208
策（*筴）208
筚（篳）208
筛（篩）208
筜（簹）208
筶　　　　208
筒（*筩）208
筅（*筓）208
筏（*栰）208

筵　　　　208
筌　　　　208
答（*荅）208
筋（*觔）208
筝　　　　208

7画

筹（籌）208
筀　　　　208
赍（賫）208
铏　　　　208
筠　　　　208
筢　　　　208
筮　　　　208
篸　　　　208
筲（*籍）208
筼（簀）208
筶　　　　208
筱（*篠）208
签（簽）208
简（簡）208
筷　　　　209
筦　　　　209
筤　　　　209

8画

箐　　　　209
箦（簀）209
箧（篋）209
箍　　　　209
箸（*筋）209
箨（籜）209
箕　　　　209
箬（*篛）209
箖　　　　209
箎　　　　209
算（*祘）209

算　　　　209
箩（籮）209
箙　　　　209
箪（簞）209
箔　　　　209
管（*筦）209
箜　　　　209
箢　　　　209
箫（簫）209
箓（籙）209
篸（篸）209

9画

箱　　　　209
箴　　　　209
箷（簾）209
篑　　　　209
篁　　　　209
篌　　　　209
篓（簍）209
箭　　　　210
篇　　　　210
篨　　　　210
篆　　　　210

10画

篝　　　　210
篚　　　　210
篥　　　　210
篮（籃）210
篡（*簒）210
篯（籛）210
篾　　　　210
篦　　　　210
篾（*笢）210
篷　　　　210
篙　　　　210

篱（籬）210

11画

簕　　　　210
簧　　　　210
簌　　　　210
篾　　　　210
簃　　　　210
簉　　　　210
簏　　　　210
簇　　　　210
簖（籪）210
篷　　　　210

12—13画

簋　　　　210
簟　　　　210
簝　　　　210
簪（*簮）210
簰（*簲）210
簦　　　　210
籀　　　　211
簸　　　　211
籁（籟）211
簿　　　　211

14画以上

籍　　　　211
纂（*篹）211
籧　　　　211
籥　　　　211
籥　　　　211
籤　　　　211

136
白部

白　　　　211
雷　　　　211
异　　　　211

春 211	酢 212	袋 213	裆（襠）214
舄 211	舶 212	袈 213	袱 214
舅 211	舲 212	裁 213	袷 214
137 **自部**	船（*舩）212	裂 213	袼 214
	鸼（鵃）212	装（裝）213	裤（褲）214
自 211	舷 212	裒 213	裉（*褙）214
臬 211	舵 212	裔 213	裋 214
臭 211	舾 212	袋 213	裢（褳）214
息 211	艇 212	裳 213	裎 214
138 **血部**	艄 212	襞 213	裣（襝）214
	艅 212		裕 214
血 211	舰 212	［**142**］ **衤部**	裤（褲）214
衃 211	艋 212		裥（襇）214
衄（*衂）211	艘 212	**2—5画**	裙（*帬）214
衅（釁）211	艎 212	补（補）213	褙（褙）214
139 **舟部**	艏 212	初 213	裱 214
	艚 212	衬（襯）213	褂 214
舟 211	艟 212	衫 213	褚 214
舠 211	艨 212	衩 213	裸（*躶）214
舡 211		袆（褘）213	裼 214
舢 211	**140** **色部**	衲 213	裨 214
舣（艤）211		衽（*袵）213	裾 214
舭 211	色 212	袄（襖）213	褛 214
舯 211	艳（艷）212	衿 213	**9—10画**
舰（艦）211	艴 212	袂 213	褡 214
舨 212	**141** **齐部**	袜（襪）213	褙 214
舱（艙）212		袪 213	褐 214
般 212	齐（齊）213	袒（*襢）213	褫（褫）214
航 212	剂（劑）213	袖 213	褓（*緥）214
舫 212	齑（齏）213	袗 213	褕 215
舥 212	［**141**］ **齊部**	袍 213	褛（褸）215
舸 212		袢 214	褊 215
舻（艫）212	**142** **衣部**	被 214	褪 215
舳 212		袯（襏）214	褥 215
盘（盤）212	衣 213	**6—8画**	褴（襤）215
	袅（裊）213	袺 214	

褊 215
褫 215
褲 215
褪 215

11画以上

褶（*襬）215
襆 215
襕（襴）215
襁 215
褡（*繦）215
襟 215
襠 215
襦 215
襪 215
襯 215
襴 215
襻 215

143 羊部

羊 215
群（*羣）215

[143] 羊部

羌（*羌）215
差 215
羖（*羒）215
羞 215
羝 215
着 215
羚 215
羝 215
羟（羥）216
翔 216
羧 216
羨（羡）216

羯 216
羰 216
羱 216

[143] 羊部

美 216
羑 216
姜（薑）216
羔 216
恙 216
盖（蓋）216
兼 216
羡 216
義 216
羹 216

144 米部

米 216

2—6画

类（類）216
籼（*秈）216
籽 216
娄（婁）216
籹 216
粉 216
料 216
粑 216
粝（糲）216
粘 216
粗（*觕）216
粕 216
粒 216
粜（糶）216
粱 217
粪（糞）217

粞 217
粳（*秔）217
粮（糧）217
粱 217
精 217
粿 217
粼 217
粹 217
粽（*糉）217
糁（糝）217
糊（*粘）217
糇 217
糇（*餱）217
糌 217
糍（*瓷）217
糈 217
糅 217
糌 217
糙 217
糗 217
糖（*餹）217
糕（*餻）217

11画以上

糟（*蹧）217
糠（*粇）217
糨（*糡）217
糯（*稬）217

145 聿部

聿 217
肆 217
肇（*肈）217

[145]

栖 217

7—10画

粲 217
粳（*秔）217
粮（糧）217
粱 217
精 217
粿 217
粼 217
粹 217
粽（*糉）217
糁（糝）217
糊（*粘）217
糌 217
糇（*餱）217
糌 217
糍（*瓷）217
糈 217
糅 217
糌 217
糙 217
糗 217
糖（*餹）217
糕（*餻）217

11画以上

糟（*蹧）217
糠（*粇）217
糨（*糡）217
糯（*稬）217

145 聿部

聿 217
肆 217
肇（*肈）217

[145]

聿部

肃（蕭）218

[145] 聿部

[145] 聿部

146 艮部

艮 218
垦（墾）218
恳（懇）218

147 羽部

羽 218

3—8画

羿 218
翃（*翀）218
翀 218
翂 218
翈 218
翎 218
翌 218
翘（翹）218
翙（翽）218
翚（翬）218
翥 218
翟 218
翠 218

9画以上

翦 218
翩 218
翱（*翺）218
翯 218
翳（*瞖）218

翼　　　　218
翻（*翻）218
翱　　　　218
翔　　　　218
翾　　　　218
翻　　　　218

148
糸 部

素　　　　218
索　　　　218
紧（緊）219
絜　　　　219
絷（縶）219
紫　　　　219
絮　　　　219
綦　　　　219
縈　　　　219
縶　　　　219
繁（*絲）219

[148]
纟 部
2—3画

纠（糾）219
纤（纖）219
红（紅）219
纣（紂）219
纤（纔）219
纥（紇）219
纠（紃）219
约（約）219
纨（紈）219
级（級）219
纩（纊）219
纪（紀）219
纫（紉）219

4画

纬（緯）219
纭（紜）219
纮（紘）219
纯（純）219
纰（紕）219
纱（紗）219
纲（綱）219
纳（納）219
纴（紝）219
纵（縱）219
纶（綸）220
纷（紛）220
纸（紙）220
纹（紋）220
纺（紡）220
纻（紵）220
纼（紖）220
纽（紐）220
纾（紓）220

5画

线（綫）220
绀（紺）220
绁（紲）220
绂（紱）220
练（練）220
组（組）220
绅（紳）220
细（細）220
织（織）220
绗（絅）220
终（終）220
绉（縐）220
绊（絆）220

绋（紼）220
绌（絀）220
绍（紹）220
绎（繹）220
经（經）220
绐（紿）220

6画

绑（綁）220
绒（絨）220
结（結）220
绔（絝）221
绕（縫）221
绕（繞）221
绖（絰）221
绗（絅）221
绘（繪）221
给（絚）221
绗（絎）221
绘（繪）221
给（給）221
绚（絢）221
绛（絳）221
络（絡）221
绝（絕）221
绞（絞）221
统（統）221

7画

绠（綆）221
绡（綃）221
绢（緧）221
绡（綃）221
绢（絹）221
绥（綢）221
绣（綉）221
绨（綈）221

绣（綉）221
绗（絅）221
绍（紹）220
绎（繹）220
经（經）220
绐（紿）220

8画

绩（靖）221
绩（績）221
绪（緒）222
绫（綾）222
缎（緞）222
綝（綝）222
续（續）222
绮（綺）222
绯（緋）222
绰（綽）222
绱（緔）222
绲（緄）222
绳（繩）222
绶（綬）222
维（維）222
绵（綿）222
绥（綏）222
绷（綳）222
绸（綢）222
绹（綯）222
绺（綹）222
综（綜）222
绽（綻）222
绾（綰）222
绿（綠）222

缀（綴）222
缁（緇）222

9画

缂（緙）222
缃（緗）222
缄（緘）222
缅（緬）222
缆（纜）223
缇（緹）223
缈（緲）223
缉（緝）223
缊（縕）223
缌（緦）223
缎（緞）223
缐（線）223
缑（緱）223
缒（縋）223
缓（緩）223
缔（締）223
缕（縷）223
编（編）223
缗（緡）223
缘（緣）223

10画

缙（縉）223
缚（縛）223
缛（縟）223
缝（縫）223
缞（縗）223
缟（縞）223
缠（纏）223
缡（縭）223
缢（縊）223
缣（縑）223

缤（繽）223

11画

缥（縹）223
缦（縵）223
缧（縲）223
缨（纓）224
缩（縮）224
缪（繆）224
缫（繅）224

12画

缬（纈）224
缭（繚）224
缮（繕）224
缯（繒）224

13画以上

缰（繮）224
缱（繾）224
缲（繰）224
缳（繯）224
缴（繳）224
缵（纘）224
缭（繻）224
纁（纁）224
缫（纕）224
缬（纖）224

[148]
糸部

**149
麦部**

麦（麥）224
麸（麩）224
麹（麴）224

[149]
麥部

**150
走部**

走　224

2—5画

赴　224
赵（趙）224
赳　224
赶（趕）224
赸　224
起　224
越　224
趄　224
趁（*趂）225
趋（趨）225
超　225

6画以上

趔　225
趟　225
趑　225
趣　225
趙　225
趲　225
趱（趲）225

**151
赤部**

赤　225
郝　225
赦　225
赧　225
赪（赬）225
赫　225
赭　225
糖　225

**152
豆部**

豆（*荳）225
剅（*劃）225
豇　225
豉　225
豏　225
豌　225

**153
酉部**

酉　225

2—5画

酊　225
酐　225
酎　225
酌　225
配　225
酏　225
酝（醞）225
酞　226
酢　226
酤　226
酚　226
酣　226
酤　226
酢　226
酥　226
酡　226
酿（釀）226

6—7画

酮　226
酰　226
酯　226
酪　226
酩　226

酧（*酧 ）226
酨（ 醸 ）226
酱（ 醬 ）226
酵　　226
酽（ 釅 ）226
酺　　226
酾（ 釃 ）226
醒　　226
酷　　226
酶　　226
酴　　226
酹　　226
酿（ 釀 ）226
酸（*痠）226

8—10画

醋　　226
醌　　226
醄　　226
醇（*醕）227
醉　　227
醅　　227
醆　　227
醊　　227
醛　　227
醐　　227
醍　　227
醒　　227
醚　　227
醑　　227
醓　　227
醢　　227

11画以上

醪　　227
醭　　227
醮　　227

醢　　227
酿　　227
醴　　227
醺　　227
醾　　227
醿　　227
釀　　227

154
辰 部

辰　　227
辱　　227
唇（*脣）227
蜃　　227

155
豕 部

豕　　227
豢　　227
豨　　227
獝（ 豬 ）227
豭　　227

156
卤 部

卤（ 鹵 ）227
鹾（ 鹺 ）228

[156]
鹵 部

157
里 部

里（ 裏 ）228
野（*埜）228

158
足 部

足　　228
趸（ 躉 ）228
趵　　228
趿　　228

慼　　228
憋　　228
躄（*躃）228

[158]
𧾷 部

2—4画

趴　　228
趵　　228
趺　　228
趼　　228
趹　　228
趻　　228
距　　228
趾　　228
跃（ 躍 ）228
跄（ 蹌 ）228

5画

践（ 踐 ）228
跖（*蹠）228
跋　　228
跌　　228
跗　　228
跞　　228
跞（ 躒 ）228
跚　　228
跑　　228
跎　　228
跏　　228
跛　　228
跆　　229
跬　　229

6画

跬　　229
跱　　229
跨　　229

跶（ 躂 ）229
跷（ 蹺 ）229
跸（ 蹕 ）229
跐　　229
跩　　229
跳　　229
跹（ 躚 ）229
跳　　229
跺　　229
跻（ 躋 ）229
跤　　229
跟　　229

7—8画

踌（ 躊 ）229
跟　　229
踉　　229
踊（ 踴 ）229
踏　　229
踦　　229
踧　　229
踔　　229
踝　　229
踢　　229
踏　　229
踟　　229
踒　　229
踬（ 躓 ）230
踩（*跴）230
踮（*跕）230
踣　　230
踯（ 躑 ）230
踪（*蹤）230
踺　　230

踞 230	蹴（*蹵）231	邸 232	都 233
9—10画	蹾（*撉）231	邹（鄒）232	郪 233
蹯 230	蹲 231	邲 232	郫 233
蹀 230	蹭 231	邺 232	郭 233
踷 230	蹿（躥）231	邵 232	部 233
踶 230	蹬 231	邾 232	郸（鄲）233
踹 230	**13画以上**	邰 232	郯 233
踵 230	躁 231	**6画**	**9画**
踽 230	躅 231	邦 232	鄄 233
踣（蹻）230	躏（躪）231	邽 232	郾 233
踱 230	躐 231	郏 232	鄂 233
蹄（*蹏）230	躔 231	郁（鬱）232	鄋 233
蹉 230	躜（躦）231	郏（郟）232	鄏 233
蹁 230	躞 231	郅 232	郿 233
蹂 230		郈 232	鄆 233
蹑（躡）230	**159**	郐（鄶）232	**10—11画**
蹒（蹣）230	**邑 部**	郃 232	鄚 233
蹋 230	邑 231	郂 232	鄑 233
蹈 230	**［159］**	郇 232	鄘 233
蹊 230	**阝右 部**	郊 232	鄢 233
蹌 230	**2—4画**	郑（鄭）232	鄞 233
蹔 230	邗 231	郎 232	鄠 233
蹢 230	邛 231	郓（鄆）232	鄧 233
11画	邦（*邦）231	郭（鄩）232	鄙 233
蹙 230	邢 231	**7画**	鄘 233
蹚（*蹽）230	邨 231	部 232	鄣 233
蹦 230	邠 231	郦（酈）232	**12画以上**
蹢 231	邬（鄔）231	郢 232	鄯 233
蹜 231	那 231	郧（鄖）232	鄫 233
12画	**5画**	郜 232	鄭 233
蹰（*躕）231	邴 231	郗 232	鄺（*耶）233
蹶（*蹷）231	邳 231	郛 233	鄹（鄹）233
蹽 231	邶 231	郡 233	酆 234
蹼 231	邮（郵）232	**8画**	酃 234
蹯 231	邱 232	都 233	酅 234

鄯	234	貌	234	警	235	讼（訟）236

160
身部

身	234
射（*躲）	234
躬（*躳）	234
躯（軀）	234
躲（*躱）	234
躺	234

161
采部

悉	234
釉	234
番	234
释（釋）	234

162
谷部

谷（穀）	234
郤	234
欲（*慾）	234
鹆（鵒）	234
裓	234
谿	234
豁	234

163
豸部

豸	234
豺	234
豹	234
貊（貓）	234
貂	234
貆	234
貉	234
貅	234
貉	234

貌 234
貘 234
貔 235

164
龟部

龟（龜）	235

［164］
龜部

165
角部

角	235
斛	235
觖	235
觞（觴）	235
觚	235
觜	235
觟	235
觥	235
触（觸）	235
解（*觧）	235
觫	235
觭	235
觯（觶）	235
觿（*蠵）	235
觿	235

166
言部

言	235
訁	235
訾	235
誊（謄）	235
誉（譽）	235
誓	235
警	235
謦	235

警 235
譬 235

［166］
讠部

2画

计（計）	235
订（訂）	235
讣（訃）	235
认（認）	235
讥（譏）	235

3画

讦（訐）	236
讦（訏）	236
讧（訌）	236
讨（討）	236
让（讓）	236
讪（訕）	236
讫（訖）	236
训（訓）	236
议（議）	236
讯（訊）	236
记（記）	236
讱（訒）	236

4画

讲（講）	236
讳（諱）	236
讴（謳）	236
讵（詎）	236
讶（訝）	236
讷（訥）	236
许（許）	236
讹（訛）	236
䜣（訢）	236
论（論）	236
讻（訩）	236

讼（訟）236
讽（諷）236
设（設）236
访（訪）236
讻（詝）236
诀（訣）236

5画

诐（詖）	236
证（證）	236
诂（詁）	236
诃（訶）	237
评（評）	237
诅（詛）	237
识（識）	237
诇（詗）	237
诈（詐）	237
诉（訴）	237
诊（診）	237
诋（詆）	237
诌（謅）	237
词（詞）	237
诎（詘）	237
诏（詔）	237
诐（詖）	237
译（譯）	237
诒（詒）	237

6画

诓（誆）	237
诔（誄）	237
试（試）	237
诖（詿）	237
诗（詩）	237
诘（詰）	237
诙（詼）	237
诚（誠）	237

调（調）237	诺（諾）238	谚（諺）239	谶（讖）240
诛（誅）237	读（讀）238	谛（諦）239	谶（讖）240
诜（詵）237	诼（諑）238	谜（謎）239	**167**
话（話）237	诽（誹）238	谝（諞）239	**辛部**
诞（誕）237	课（課）238	谞（諝）239	辛 240
诟（詬）237	诿（諉）238	**10画**	辜 240
诠（詮）237	谀（諛）238	谟（謨）240	辟（闢）240
诡（詭）237	谁（誰）239	谠（讜）240	辣（*辢）241
询（詢）238	谂（諗）239	谡（謖）240	辨 241
诣（詣）238	调（調）239	谢（謝）240	辩（辯）241
诤（諍）238	谄（諂）239	谣（謠）240	辫（辮）241
该（該）238	谅（諒）239	谦（謙）240	瓣 241
详（詳）238	谆（諄）239	谤（謗）240	
诧（詫）238	谇（誶）239	谥（謚）240	**168**
浑（諢）238	谈（談）239	谦（謙）240	**青部**
诨（諢）238	谊（誼）239	谧（謐）240	青 241
诩（詡）238	**9画**	**11画**	靓（靚）241
7画	谋（謀）239	谨（謹）240	鹊（鵲）241
诔（誄）238	谌（諶）239	谩（謾）240	静 241
诗（壽）238	谍（諜）239	谪（謫）240	靛 241
诚（誠）238	谎（謊）239	谫（謭）240	
诬（誣）238	谭（譚）239	谬（謬）240	**169**
语（語）238	谏（諫）239	**12画以上**	**卓部**
诮（誚）238	诚（誠）239	谏（譓）240	乾 241
误（誤）238	谐（諧）239	谭（譚）240	韩（韓）241
诰（誥）238	谑（謔）239	谮（譖）240	戟 241
诱（誘）238	谒（謁）239	谯（譙）240	朝 241
诲（誨）238	谓（謂）239	谰（讕）240	斡 241
诳（誑）238	谔（諤）239	谱（譜）240	翰 241
说（説）238	谖（諼）239	谲（譎）240	
诵（誦）238	谕（諭）239	谳（讞）240	**170**
诶（誒）238	谗（讒）239	谴（譴）240	**雨（雱）部**
8画	谒（諼）239	谯（譙）240	雨 241
请（請）238	谙（諳）239	谯（譙）240	**3—7画**
诸（諸）238	谖（諼）239	谵（譫）240	雯 241
诹（諏）238	谐（諧）239	谳（讞）240	雪 241
			雳（靂）241
			雾 241

雯	241	非	242	黾（黽）243	阵（陣）244
雺	241	剕	242	鄳（鄳）243	阳（陽）244
雷	241	棐	242	鼋（鼋）243	阪 244
零	241	辈（輩）242	蟗（鼉）243	阶（階）244
雾（霧）241	斐	242	鼍（鼉）243	阴（陰）244
雹	241	悲	242		防 244
需	241	蜚	242	**[173]**	阢 244
霆	241	裴	242	**黾部**	
雿（霧）241	翡	242		**5画**
震	241	靠	242	**174**	
霄	241			**隹部**	际（際）244
霉（黴）242	**172**		佳 243	陆（陸）244
雪	242	**齿部**		阿 244
霖	242	齿（齒）242	**2—6画**	陇（隴）244
霈	242	龀（齔）242	隼 243	陈（陳）244
		龁（齕）243	隽（*雋）243	阽 244
8—12画	龂（齗）243	售 243	阻 244
霖	242	龄（齡）243	雄 243	阼 244
霏	242	龅（齙）243	集 243	附（*坿）244
霓（*蜺）242	龆（齠）243	焦 243	陀 244
霍	242	龄（齡）243	雎 243	陂 244
霎	242	龆（齠）243	雏 243	陉（陘）244
霜	242	龈（齦）243	雉（雛）243	
霈	242	龉（齬）243	截 243	**6—8画**
霞	242	龊（齪）243	雒 244	陋 244
霆	242	龋（齲）243		陌 244
霭（靄）242	龇（齜）243	**8画以上**	陑 244
霨	242	龌（齷）243	雕（*彫）244	陕（陝）244
霰	242	龈（齦）243	瞿 244	陷（隯）245
		龋（齲）243	雠（讎）244	陈 245
13画以上	龌（齷）243		降 245
霸（*覇）242	齼（齼）243	**175**	陊（隋）245
露	242		**阜部**	陔 245
霹	242	**[172]**	阜 244	限 245
霾	242	**齿部**		陡 245
		173	**[175]**	陛 245
171	**黾部**	**阝左部**	陟 245
非部		**2—4画**	陗 245
		队（隊）244	陞 245
		阡 244	
		阱（*穽）244	
		阮 244	

陨（隕）245
陛 245
除 245
险（險）245
院 245
陵 245
陬 245
陲 245
陇 245
陴 245
陶 245
陷 245
陪 245

9画
隋 245
随（隨）245
隅 245
隈 245
隤（隤）245
隍 245
隗 245
隃 245
隆 245
隐（隱）246

10画以上
隔 246
隙 246
隘 246
障 246
隩 246
隧 246
隰 246

176
金部
金 246

鉴（鑒）246
銮 246
銮（鑾）246
鏊 246
銎 246
鏊 246
鏊 246
銮 246
銮 246
鑫 246
鍪 246
鏊 246
鏊 246
鑫 246

[176]
钅部
1—2画
钆（釓）246
钇（釔）246
针（針）246
钉（釘）246
钊（釗）246
钋（釙）246
钉（釘）246

3画
钍（釷）246
钎（釱）246
钎（釬）246
钏（釧）247
钐（釤）247
钓（釣）247
钒（釩）247
钔（鍆）247
钕（釹）247
钖（鍚）247
钗（釵）247

4画
钘（鈃）247
铁（鉄）247
钙（鈣）247
钚（鈈）247
钛（鈦）247
钜（鉅）247
钝（鈍）247
钍（鈚）247
钞（鈔）247
钟（鐘）247
钡（鋇）247
钢（鋼）247
钠（鈉）247
铱（銥）247
钘（鈃）247
钣（鈑）247
铨（錀）247
钤（鈐）247
钥（鑰）247
钦（欽）247
钧（鈞）247
钨（鎢）247
钩（鉤）247
钪（鈧）247
钫（鈁）248
钬（鈥）248
钭（鈄）248
钮（鈕）248
钯（鈀）248

5画
钰（鈺）248
钱（錢）248
钲（鉦）248
钳（鉗）248

钴（鈷）248
钵（鉢）248
钵（鈢）248
钶（鈳）248
钜（鉅）248
钹（鈸）248
钺（鉞）248
钻（鑽）248
铲（鑪）248
钽（鉭）248
钼（鉬）248
钾（鉀）248
钟（鈡）248
钿（鈿）248
铀（鈾）248
铁（鐵）248
铂（鉑）248
铃（鈴）248
铄（鑠）248
铄（鑠）248
铅（鉛）248
铆（鉚）248
铈（鈰）248
铊（鉈）249
铉（鉉）249
铊（鉈）249
铋（鉍）249
铌（鈮）249
铍（鉋）249
铍（鈹）249
铍（鑷）249
铎（鐸）249
铒（鉺）249

6画
铗（鍘）249

铥（銈）249
铐（銬）249
铑（銠）249
铒（鉺）249
铓（鋩）249
铔（錏）249
铕（銪）249
铖（鋮）249
铗（鋏）249
铘（鋣）249
铙（鐃）249
铚（銍）249
铛（鐺）249
铝（鋁）249
铜（銅）249
铞（銱）249
铟（銦）249
铠（鎧）249
铡（鍘）249
铢（銖）249
铣（銑）250
铥（銩）250
铤（鋌）250
铦（銛）250
铧（鏵）250
铨（銓）250
铩（鎩）250
铪（鉿）250
铫（銚）250
铭（銘）250
铬（鉻）250
铮（錚）250
铯（銫）250

铰（鉸）250
铱（銥）250
铲（鏟）250
铳（銃）250
铴（鐋）250
铵（銨）250
银（銀）250
铷（銣）250

7画
铸（鑄）250
铹（鐒）250
铺（鏴）250
铻（鈚）250
铼（錸）250
铽（鋪）250
链（鋙）250
铿（鋩）250
锁（鋱）250
链（鏈）250
铿（鏗）251
销（銷）251
锁（鎖）251
锃（鋥）251
锄（鋤）251
锂（鋰）251
锅（鍋）251
锆（鋯）251
锇（鋨）251
锈（鏽）251
锉（銼）251
锊（鋝）251
锋（鋒）251
锌（鋅）251
锍（鋶）251

铜（鋼）251
铜（鋼）251
锐（銳）251
锑（銻）251
铉（鋐）251
铌（鈮）251
锓（鋟）251
铜（鋼）251
锕（錒）251

8画
锖（錆）251
锗（鍺）251
锘（鍩）251
错（錯）251
锚（錨）251
锚（錨）251
镆（鏌）251
锛（錛）252
锜（錡）252
锝（鍀）252
锞（錁）252
锟（錕）252
锡（錫）252
锢（錮）252
锣（鑼）252
锤（錘）252
锥（錐）252
锦（錦）252
锧（鑕）252
锨（鍁）252
锪（鍃）252
锫（錇）252
锫（錇）252
锩（錈）252
锬（錟）252

钹（鈸）252
锭（錠）252
锒（鋃）252
键（鍵）252
锯（鋸）252
锰（錳）252
锱（錙）252

9画
锲（鍥）252
锴（鍇）252
锴（鍇）252
锶（鍶）252
锷（鍔）252
锸（鍤）252
锹（鍬）252
锺（鍾）253
锻（鍛）253
锼（鎪）253
锽（鍠）253
镍（鎳）253
锾（鍰）253
锿（鎄）253
锵（鏘）253
镀（鍍）253
镁（鎂）253
镂（鏤）253
镃（鎡）253
镄（鐨）253
镅（鎇）253

10画
镊（鑷）253
镆（鏌）253
镇（鎮）253
镈（鎛）253

锷（鍔）253　镭（鐥）254　鲂（魴）255　鳌（鰲）256
镉（鎘）253　鲁（魯）254　钯（鈀）255　鳓（鰳）256
锐（鑠）253　镦（鐓）254　鲅（鮁）255　鳔（鰾）256
镌（鎸）253　镧（鑭）254　鲆（鮃）255　鳕（鱈）256
镍（鎳）253　锴（錯）254　鲇（鮎）255　鳗（鰻）256
镎（錼）253　镪（鏹）254　鲈（鱸）255　鲥（鰣）256
镏（鎦）253　镎（鐏）254　鲉（鮋）255　鲤（鯉）256
镐（鎬）253　镢（鐝）254　鲊（鮓）255　鲦（鮸）256
镑（鎊）253　镩（鑹）254　稣（穌）255　鲧（鯀）256
镒（鎰）253　锃（鏹）254　鲋（鮒）255　鲩（鯇）256
镓（鎵）253　镫（鐙）254　鲌（鮊）255　鲪（鮶）256
镔（鑌）253　镨（鐠）254　鲫（鯽）255　鲲（鯤）257
镕（鎔）254　　　　　　　鲍（鮑）255　鲫（鯽）257

　11画　　　　13画　　　鲍（鮑）255　鲬（鯒）257
锴（錯）254　镀（鍍）255　鮀（鮀）256　鲨（鯊）257
锗（鍺）254　镭（鐳）255　鲏（鮍）256
锘（鍩）254　锿（鎄）255　鲐（鮐）256　　8—10画
镖（鏢）254　镯（鐲）255　鲞（鯗）256　鲭（鯖）257
镗（鏜）254　镰（鐮）255　鲝（鮺）256　鲮（鯪）257
镘（鏝）254　镱（鐿）255　鲑（鮭）256　鲯（鯕）257
锸（鍤）254　　　　　　　鲒（鮚）256　鳏（鰥）257
镛（鏞）254　　14画以上　鲔（鮪）256　鲱（鯡）257
镜（鏡）254　镲（鑔）255　鲕（鮞）256　鲲（鯤）257
镝（鏑）254　镳（鑣）255　鲥（鰤）256　鲳（鯧）257
镞（鏃）254　镴（鑞）255　鲖（鮦）256　鲴（鯝）257
锹（鍬）254　镵（鑱）255　鲗（鰂）256　鲵（鯢）257
镠（鏐）254　镶（鑲）255　鲘（鮜）256　鲷（鯛）257

　12画　　　镢（钁）255　鲙（鱠）256　鲸（鯨）257
镨（鐥）254　　　177　　鲚（鱭）256　鲼（鱝）257
镡（鐔）254　　鱼　部　　鲛（鮫）256　鲹（鰺）257
镢（鐝）254　鱼（魚）255　鲜（鮮）256　鲻（鯔）257
镣（鐐）254　　2—7画　鲛（鮟）256　鳍（鰭）257
镤（鏷）254　钆（釓）255　鮟（鮟）256　鳎（鰨）257
镥（鑥）254　钇（釔）255　鲟（鱘）256　鲽（鰈）257
　　　　　　　鱿（魷）255　　　　　　　鲗（鰂）257
　　　　　　　鲀（魨）255　　　　　　　鳊（鯿）257
　　　　　　　鲁（魯）255　鲟（鱘）256　鳐（鰩）257

鰊（鰊）257　　鱔（鱔）258　　鞌（*鞌）259　　骭　　　260

鰉（鰉）257　　鱗（鱗）258　　**7—8画**　　　　骱　　　260

鯤（鯤）257　　鱒（鱒）258　　鞘　　259　　骰　　　260

鰛（鰛）257　　鱯（鱯）258　　鞓　　259　　骷　　　260

鰃（鰃）257　　鱫（鱫）258　　鞍　　259　　骶　　　260

鰓（鰓）257　　鱧（鱧）258　　鞦　　259　　鹘（鶻）260

鰐（鰐）257　　鱣（鱣）258　　鞞　　259　　骺　　　260

鰍（鰍）257　　鱨（鱨）259　　鞨　　259　　骼　　　260

鰒（鰒）257　　鱲（鱲）259　　鞠　　259　　骸　　　260

鰉（鰉）258　　　　　　　　　　鞝　　259　　髁　　　260

鯨（鯨）258　　　**[177]**　　　鞟　　259　　髀　　　260

鯑（鯑）258　　　**魚 部**　　　**9画**　　　髅　　　260

鳊（鯿）258　　　**178**　　　鞯（韉）259　　髃　　　260

鱉（鱉）258　　　**隶 部**　　　鞳　　259　　髏（髏）260

鰲（鰲）258　　隶（隸）259　　鞮　　259　　骹　　　260

鰭（鰭）258　　　**179**　　　鞲　　260　　髋（髖）260

鰯（鰯）258　　　**革 部**　　　鞭　　260　　髌（髕）260

鰓（鰓）258　　革　　　259　　鞴　　260　　髎　　　260

鰡（鰡）258　　　**2—4画**　　鞠　　260　　髓　　　260

鰟（鰟）258　　勒　　　259　　鞧（*鞦）260　　髑　　　261

鰜（鰜）258　　軒　　　259　　鞣　　260　　　**183**

　11画以上　　靰　　　259　　**10画以上**　　　**香 部**

鳖（鱉）258　　靱　　　259　　韝　　260　　香　　　261

鱛（鱛）258　　靴（*鞾）259　　韛　　260　　秘　　　261

鳔（鰾）258　　靳　　　259　　韂　　260　　馞　　　261

鳕（鱈）258　　靶　　　259　　　**180**　　醖　　　261

鳗（鰻）258　　　**5—6画**　　**面 部**　　馥　　　261

鳘（鰵）258　　靺　　　259　　面（麵）260　　馨　　　261

鳙（鱅）258　　靻　　　259　　靦　　260　　　**184**

鳚（䲁）258　　靸　　　259　　靦（覥）260　　**鬼 部**

鳛（鰼）258　　靬　　　259　　　**181**　　鬼　　　261

鳜（鱖）258　　靴　　　259　　**韭 部**　　魂（*䰟）261

鳖（鱉）258　　靿　　　259　　韭（*韮）260　　魁　　　261

鳝（鱔）258　　鞋（*鞵）259　　　**182**　　魅　　　261

鳞（鱗）258　　靾（韢）259　　**骨 部**　　魃　　　261

鳟（鱒）258　　鞒（鞽）259　　骨　　　260　　魆　　　261

魖（魖）261
魈　261
魏　261
魍　261
魑　261
魔　261

185
食 部

食　261
飨（饗）261
餐（*湌）261
饕　261
饔　261

[185]
饣 部

2—4画

饤（飣）261
饥（飢）261
饦（飥）261
饧（餳）261
饨（飩）261
饩（餼）261
饪（飪）261
饫（飫）261
饬（飭）261
饭（飯）262
饮（飲）262

5—6画

饯（餞）262
饰（飾）262
饱（飽）262
饲（飼）262
饳（飿）262
饴（飴）262
饵（餌）262

饶（饒）262
蚀（蝕）262
饷（餉）262
饸（餄）262
饹（餎）262
饺（餃）262
饻（餏）262
饼（餅）262

7—8画

饽（餑）262
饾（餖）262
饿（餓）262
馀（餘）262
馁（餒）262
馂（餕）262
馃（餜）262
馄（餛）262
馅（餡）262
馆（館）262

9—11画

馇（餷）262
馈（餲）262
馈（饋）262
馉（餶）263
馊（餿）263
馋（饞）263
馌（饁）263
馍（饃）263
馎（餺）263
馏（餾）263
馐（饈）263
馑（饉）263
馒（饅）263

12画以上

馓（饊）263
馔（饌）263
馕（饢）263
馕（饟）263

[185]
食 部

186
音 部

音　263
章　263
竟　263
歆（*韻）263
韵　263
意　263
韶　263
赣（贛）263

187
首 部

首　263
馗　263
馘（*聝）263

188
髟 部

髡（*髠）263
髦　263
髦　263
髯（*髥）263
髫　263
髻　263
髭　263
鬏（*髲）264
髹　264

鬀　264
鬆　264
鬈　264
鬓（*鬂）264
鬓（鬢）264
鬟　264
鬣　264
鬣　264

189
鬲 部

鬲（*甂）264
鹝（鬹）264
融（*蝸）264
翮　264
鬴　264
鬶（鬻）264
鬷　264
鬻　264

190
鬥 部

191
高 部

高　264
鄗　264
敲　264
膏　264

192
黄 部

黄　264
黇　264
黉（黌）264

193
麻 部

麻（*蔴）264
麽　264

摩	264	麠	265	黔（黔）	266	鼬	266
麾	264	麟（*麐）	265	鼇	266	鼩	266
磨	265	**195**		黯	266	鼧	266
糜（*糜 ）	265	**鼎　部**		黵	266	鼯	266
縻	265	鼎	265	**197**		鼱	266
靡	265	鼐	265	**黍　部**		鼹（*鼴 ）	266
魔	265	鼏	265	黍	266	鼷	266
194		**196**		黏	266	**200**	
鹿　部		**黑　部**		**198**		**鼻　部**	
鹿	265	黑	265	**鼓　部**		鼻	266
麀	265	墨	265	鼓（*鼔）	266	劓	266
麂	265	默	265	瞽	266	鼽	266
麃	265	黔	265	鼗	266	鼾	266
麇（*麕 ）	265	黜	265	鼙	266	齁	266
塵	265	黝	265	鼚	266	齅	266
麋	265	黛	265	**199**		齇（*齄 ）	266
麓	265	點	265	**鼠　部**		齉	266
麒	265	黟	265	鼠	266	**201**	
麑	265	駿	265	鼢	266	**龠　部**	
塵	265	黢（黷）	266	鼫	266	龠	267
麖	265	黥（*剠）	266	鼩	266	龢	267

古今汉字对照书法

	繁体	小篆	金文	甲骨文		繁体	小篆	金文	甲骨文
一		一	一	一	井		井	井	井
二		二	二	二	天		天	大	呆
丁		丁	●	口	夫		夫	夫	夫
七		七	十	十	元		元	元	元
三		三	三	三	云	雲	雲	元	弓
丁		弋	弋	卜	专	專、*耑	專	甹	軎
于		于	玗	于	丏	*匃、*匄	匃	匂	勺
亏	虧	虧	虧	虧	廿		廿	廿	凵
才	纔	才	十	十	五		五	五	五
下		丁	二	一	丏		丏	丏	丏
丈		支	支	支	卅		卅	卅	卅
与	與	與	與	與	不		不	不	不
万	萬	萬	萬	萬	屯		屯	屯	屯
丰	豐	豐	豐	豐	互		互	互	至
元		元	元	元	未		未	未	未
开	開	開	開	開	末		末	末	末

1

	繁体	小篆	金文	甲骨文
戋	戔			
正				
世	*卋			
本				
丙				
丕				
灭	滅			
东	東			
丛	叢、藂			
丝	絲			
亚	亞			
亘	*亙			
吏				
再	*冄、*冊			
百				
夹	夾、*裌 *袷			

	繁体	小篆	金文	甲骨文
夷				
丞				
严	嚴			
求				
甫				
更				
束				
两	兩			
丽	麗			
龙				
来	來			
奉				
表	錶			
画	畫			
事				
枣	棗			

	繁体	小篆	金文	甲骨文
叾				
奏				
甚				
朿				
歪				
甬				
昼	晝			
戜				
哥				
焉				
堇				
棘				
臬				
皕				
靉	靉			
遾	靆			

	繁体	小篆	金文	甲骨文
囊				
中				
内				
凸				
旧	舊			
且				
甲				
申				
电	電			
由				
史				
央				
冉	*冄			
凹				
师	師			
曳	*拽			

3

	繁体	小篆	金文	甲骨文
曲	麴、*麯			
串				
果	*菓			
畅	暢			
临	臨			
禺				
乂				
九				
千	韆			
川				
久				
么	麼			
丸				
及				
午				
壬				

	繁体	小篆	金文	甲骨文
升	*昇、*陞			
天	*殀			
币	幣			
爻				
乏				
丹				
乌	烏			
生				
失				
乍				
丘	*坵			
乎				
乐	樂			
册	*冊			
年	*秊			
朱	硃			

	繁体	小篆	金文	甲骨文		繁体	小篆	金文	甲骨文
乔	喬				粤				
乒					睾				
乓					义	義			
囟	*顖				之				
甪					为	爲、*为			
我					半				
囱					必				
卵					永				
系	係、繫				州				
垂					农	農、*辳			
乖					良				
秉					叛				
臾					举	舉、*擧			
重					崔				
禹					乙				
胤					刁				

	繁体	小篆	金文	甲骨文
了	瞭			
乃	*迺、*廼			
乜				
乞				
孑				
卫	衛、*衞			
孓				
也				
习	習			
乡	鄉			
尹				
夬				
丑	醜			
予				
册				
书	書			

	繁体	小篆	金文	甲骨文
司				
民				
弗				
氹				
乩				
虱	*毇			
买	買			
甬				
乳				
承				
虬	*蚪			
十				
卉				
古				
协	協			
华	華			

	繁体	小篆	金文	甲骨文
克	剋、*尅			
直				
丧	喪、*丧			
卖	賣			
卑				
贲	賁			
南				
真				
啬	嗇			
博	*愽			
兢				
嘏				
戴				
矗				
厂	廠、*厰			
厅	廳			

	繁体	小篆	金文	甲骨文
仄				
历	歷、曆、*厤、*歴			
厄	*戹、阨			
厉	厲			
压	壓			
厌	厭			
厍	厙			
厔				
厕	厠、*廁			
庞				
厘	*釐			
厚				
厝				
原				
厢	*廂			
厣	厴			

	繁体	小篆	金文	甲骨文
厩	*廐、*廏			
厨	*厨、*廚			
厦	*廈			
雁	*鴈			
厥				
斯	*廝			
愿	願			
厉	厲			
魇	魘			
餍	饜			
赝	贋、*贗			
鹰	鷹			
反				
斥				
厄	*戹			
后	後			

	繁体	小篆	金文	甲骨文
质	質			
盾				
虎				
区	區			
匹	*疋			
巨	*鉅			
叵				
匝	*帀			
匜				
匡				
匠				
匣				
医	醫、*毉			
甄	甄			
匼				
匿				

	繁体	小篆	金文	甲骨文
匪				
匮	匱			
匾				
卜	蔔			
卦				
上				
卡				
占	*佔			
卢	盧			
贞	貞			
芈				
卣				
卓				
卨	鄗、*离			
桌	*槕			
冇				

	繁体	小篆	金文	甲骨文
冈	岡			
同	*仝、*衕			
网	網			
冏				
罔	*㒺			
用				
甩				
周	*週			
八				
兮				
分				
公				
共				
兴	興			
兵				
坌				

	繁体	小篆	金文	甲骨文
岔				
其				
具				
典				
贫	貧			
忿				
瓮	*甕、*罋			
盆				
翁				
与	與			
丫	*桠、*枒			
兰	蘭			
并	*併、*並、*立			
关	關、*関			
兑				
弟				

	繁体	小篆	金文	甲骨文
单	單			
养	養			
前				
酋				
兹	*茲			
兼				
鞯	韀			
人				
个	個、*箇			
介				
从	從			
仑	侖、*崙、*崘			
今				
仓	倉			
以				
仝				

	繁体	小篆	金文	甲骨文
令				
全				
会	會			
合	閤			
企				
永				
众	衆、*眾			
伞	傘、*伞、*繖			
佘				
余	餘			
金				
含				
舍	捨			
命	*俞			
贪	貪			
念	*唸			

	繁体	小篆	金文	甲骨文
俞				
弇				
剑				
俎				
拿	*挐、*舒、*拏			
衾				
忿				
龛	龕			
盒				
舒				
畬				
番				
翁				
禽				
愈	*瘉、*癒			
棘				

	繁体	小篆	金文	甲骨文
盒				
亿	億			
仁				
什				
仃				
仆	僕			
化				
仇				
仇	*讐、*讎			
仂				
仍				
仅	僅			
仨				
仕				
付				
仗				

	繁体	小篆	金文	甲骨文
代				
仙	*僊			
仟				
仡				
么				
伋				
们	們			
仪	儀			
仔				
他				
仞				
伟	偉			
传	傳			
休				
伍				
伎				

	繁体	小篆	金文	甲骨文
伏		𤕲	𢓐	𠤏
伛	傴	𤔣	𤔶	𤔶
优	優	𤔪	𤔬	𤔴
伢		𤔩	𤔭	𤔳
伐		𤔤	𤔫	𤔲
仳		𤔥	𤔮	𤔱
伍		𤔦	𤔯	𤔰
仲		𤔧	𤔰	中
倪	倪	𤔨	𤔱	𤔲
仵		𤔩	𤔲	𤔳
件		𤔪	𤔳	𤔴
任		𤔫	𤔴	𤔵
伤	傷	𤔬	𤔵	𤔶
伥	倀	𤔭	𤔶	𤔷
价	價	𤔮	𤔷	𤔸
伦	倫	𤔯	𤔸	𤔹

	繁体	小篆	金文	甲骨文
份		𤔰	𤔹	𤔺
伧	傖	𤔱	𤔺	𤔻
仰		𤔲	𤔻	𤔼
伉		𤔳	𤔼	𤔽
仿	*倣、*髣	𤔴	𤔽	𤔾
伙	夥	𤔵	𤔾	𤔿
伪	僞、*偽	𤔶	𤔿	𤕀
仁	*忎、*𢧵	𤔷	𤕀	𤕁
伈		𤔸	𤕁	𤕂
伊		𤔹	𤕂	𤕃
似	*佀	𤔺	𤕃	𤕄
佞		𤔻	𤕄	𤕅
估		𤔼	𤕅	𤕆
体	體	𤔽	𤕆	𤕇
何		𤔾	𤕇	𤕈
佐		𤔿	𤕈	𤕉

	繁体	小篆	金文	甲骨文
伍				
佑				
伻		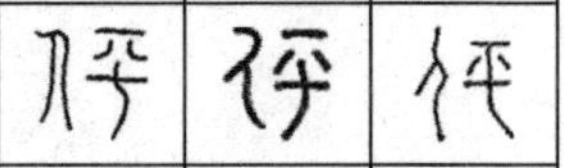		
佐				
攸		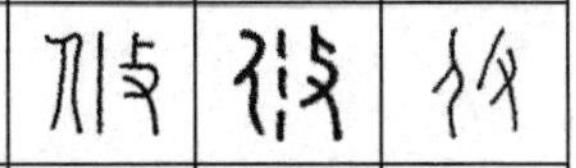		
但				
伸				
佃				
侣				
佚				
作		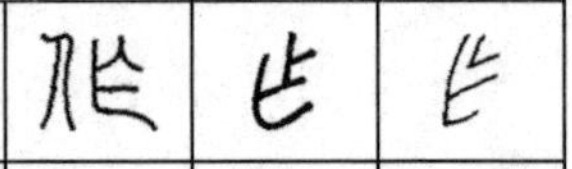		
伯		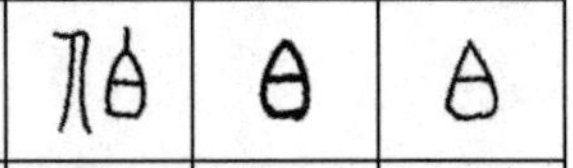		
伶				
佣	傭			
低				
你	*妳	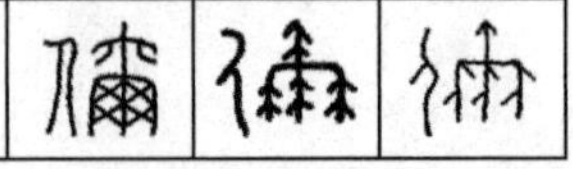		

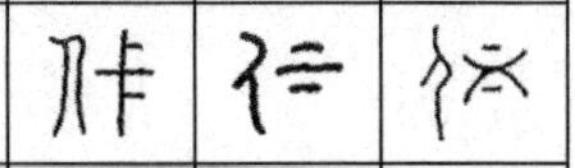

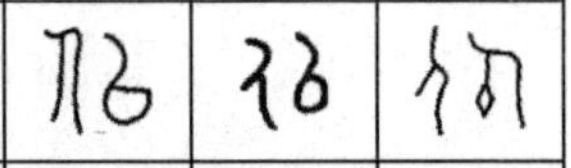

	繁体	小篆	金文	甲骨文
佝		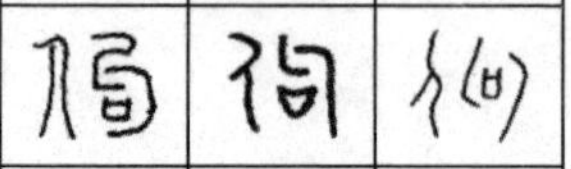		
佟				
侴	儵			
住		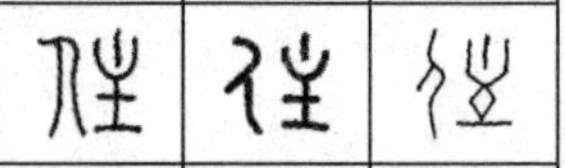		
位				
伭		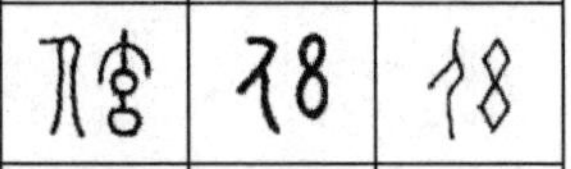		
伴		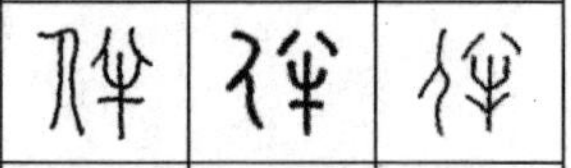		
佗		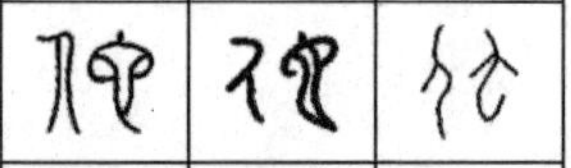		
佖				
伺		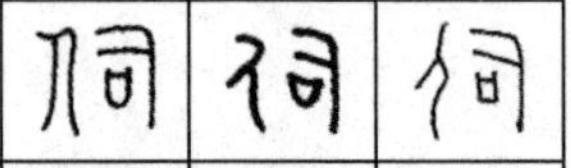		
伲		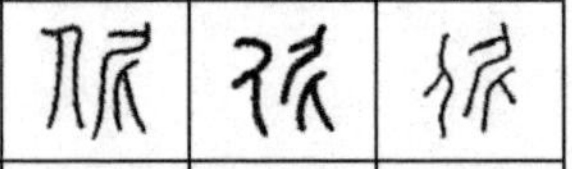		
佛	*彿、髴	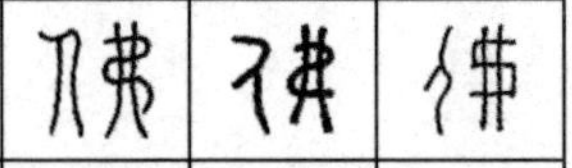		
伽				
佁		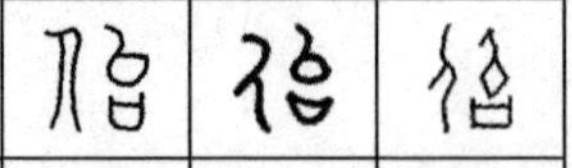		
佳		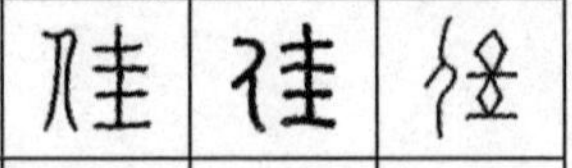		
侍		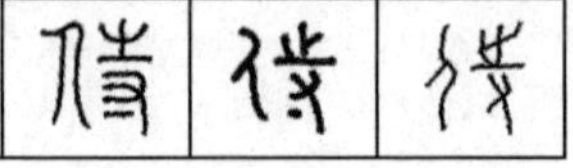		

	繁体	小篆	金文	甲骨文			繁体	小篆	金文	甲骨文
佶						侃				
佬						侧	側			
佴						侏				
供						侁				
使						侹				
佰						佸				
侑						侨	僑			
侉	*咵					俯				
健	健					佺				
例						侩	儈			
侠	俠					佻				
侥	僥、*傲					俏				
侄	*妷、*姪					佩	*珮			
侦	侦、*遉					侈				
侣						你				
侗						佹				

	繁体	小篆	金文	甲骨文
侪	儕			
佼				
依				
饮				
佯				
侘				
侬	儂			
侔				
侍	儔			
俨	儼			
俅				
便				
俩	倆			
俪	儷			
倈	倈			
修	*脩			

	繁体	小篆	金文	甲骨文
俏				
俣				
俚				
保				
傅				
促				
俄				
俐				
侮				
俙				
俭	儉			
俗				
俘				
信				
俍				
侵				

	繁体	小篆	金文	甲骨文		繁体	小篆	金文	甲骨文
侯					倾	傾			
俑					倒				
俟	*竢				俳				
俊	*儁、*寯				俶				
俸					倬				
倩					倏	*倐、*儵			
债	債				脩				
俵					倘				
倖					俱				
倻					倮				
借	藉				倡				
偌					候				
值					倮	儸			
俸					倕				
倚					倭				
俺					倪				

	繁体	小篆	金文	甲骨文
俾		𦓔	𤰝	𤰝
倜		𠊡	𤰝	𤰝
倞		𠊡	𤰝	𤰝
俯	*頫、*俛	𠊡	𤰝	𤰝
倍		𠊡	𤰝	𤰝
倦	*勌	𠊡	𤰝	𤰝
倬	偉	𠊡	𤰝	𤰝
倓		𠊡	𤰝	𤰝
倧		𠊡	𤰝	𤰝
倌		𠊡	𤰝	𤰝
倥		𠊡	𤰝	𤰝
健		𠊡	𤰝	𤰝
倨		𠊡	𤰝	𤰝
倔		𠊡	𤰝	𤰝
偰		𠊡	𤰝	𤰝
债	債	𠊡	𤰝	𤰝

	繁体	小篆	金文	甲骨文
偡		𠊡	𤰝	𤰝
做		𠊡	𤰝	𤰝
鹐	鶺	𠊡	𤰝	𤰝
偃		𠊡	𤰝	𤰝
価		𠊡	𤰝	𤰝
偕		𠊡	𤰝	𤰝
偿	償	𠊡	𤰝	𤰝
偶		𠊡	𤰝	𤰝
偈		𠊡	𤰝	𤰝
偎		𠊡	𤰝	𤰝
偲		𠊡	𤰝	𤰝
傀		𠊡	𤰝	𤰝
偷	*媮	𠊡	𤰝	𤰝
俪		𠊡	𤰝	𤰝
偬	*傯	𠊡	𤰝	𤰝
停		𠊡	𤰝	𤰝

	繁体	小篆	金文	甲骨文
倭	僂			
偏				
假	*叚			
偓				
傣				
傲				
傣				
傅				
僳				
偯				
翕				
傥	儻			
傒				
傍				
傧	儐			
储	儲			

	繁体	小篆	金文	甲骨文
催				
傩	儺			
催				
傻	*儍			
像				
傺				
僇				
億				
儆				
僳				
僚				
僭				
僬				
僦				
僮				
傅				

	繁体	小篆	金文	甲骨文
僧		𤔲	𧼒	𩵋
僎		𤔲	𧼒	𩵋
燈		𤔲	𧼒	𩵋
僵	*殭	𤔲	𧼒	𩵋
儇		𤔲	𧼒	𩵋
儋		𤔲	𧼒	𩵋
僻		𤔲	𧼒	𩵋
儒		𤔲	𧼒	𩵋
儡		𤔲	𧼒	𩵋
儱		𤔲	𧼒	𩵋
儳		𤔲	𧼒	𩵋
儴		𤔲	𧼒	𩵋
儾		𤔲	𧼒	𩵋
入		人	人	人
氽		𠆢	𠆢	𠆢
粂	羅	𤔲	𧼒	𩵋

	繁体	小篆	金文	甲骨文
勺		𠃌	𠃌	𠃌
勿		勿	勿	勿
匀		𠃌	𠃌	𠃌
勾		𠃌	𠃌	𠃌
句		𠃌	𠃌	𠃌
匆	*忽、*悤	𤔲	𧼒	𩵋
匂		𠃌	𠃌	𠃌
包		𠃌	𠃌	𠃌
旬		𠃌	𠃌	𠃌
匈		𠃌	𠃌	𠃌
甸		𠃌	𠃌	𠃌
匍		𠃌	𠃌	𠃌
訇		𠃌	𠃌	𠃌
匐		𠃌	𠃌	𠃌
儿	兒	兒	兒	兒
先		先	先	先

	繁体	小篆	金文	甲骨文
兆				
兑				
党	黨			
兜	*兠			
匕				
北				
旨	*恉			
顷	頃			
𦥑				
匙				
疑				
冀				
几	幾			
凡	*凣			
朵	*朶			
兔	兎			

	繁体	小篆	金文	甲骨文
咒	*呪			
凯	凱			
凭	憑、*凭			
凤	鳳			
夙				
凰				
亡	*亾			
卞				
六				
亢				
主				
市				
玄				
亦				
交				
亥				

	繁体	小篆	金文	甲骨文			繁体	小篆	金文	甲骨文
充						衮				
宙	畂、*畂、*畂					衷				
亭						毫				
京						孰				
享	*宫					烹				
夜	*亱					商				
卒	*卒					袤				
兖						率				
氓	*甿					藝	藝			
哀						就				
亭						袞				
亮						襄				
衰						稟	*稟			
衷						亶				
毫						雍	*雝			
离	離					裏				

22

	繁体	小篆	金文	甲骨文
豪				
褒	*襃			
⿰享单	⿰享單、*⿰身單			
⿱⿰享羊土				
襄				
⿱亯豆				
饔				
江				
冯	馮			
冱	*沍			
冲	衝、*沖			
冰	*氷			
次				
决	*決			
冻	凍			
况	*況			
冷				
冶				
冽				
冼				
净	*淨			
凌				
凇				
凄	*淒、*悽			
准	準			
凋				
凉	*涼			
凑	*湊			
减	*減			
凓				
凘				
凛	*凜			

	繁体	小篆	金文	甲骨文			繁体	小篆	金文	甲骨文
凝						卯	*戼、*夘			
冗	*宂					却	*卻、*郤			
写	寫					即				
军	軍					邵				
冠						卸				
冢	*塚					卿				
冥	*冥、*寅					危				
冤	*寃、*寃					卷	捲			
幂	*幎					巹				
凶	*兇					刀				
凾						刃				
击	擊					切				
凼						召				
函	*圅					券				
卬						剪				
印						劈				

	繁体	小篆	金文	甲骨文		繁体	小篆	金文	甲骨文
刈					剀	剴			
刑					制	製			
刚	剛				刽	劊			
创	創、*剙 *刱				刹				
刎					剁	*剁			
划	劃				刻				
别	彆				刷				
删	*刪				荆				
刨	*鉋、*鏴				剋	*剋			
判					剌				
到	到				削				
刲					剐	剮			
刺					剑	劍、*劎			
刮					剃	*薙、*鬀			
刭					剞				
刿	劌				剔				

	繁体	小篆	金文	甲骨文
剖				
剡				
剜				
剥				
剧	劇			
剟				
副				
剩	*賸			
割				
剺				
剽				
剿	*劋、*勦			
劂				
劄				
劊				
劌				

	繁体	小篆	金文	甲骨文
劘				
劙				
刍	芻			
负	負			
争				
夬				
免				
兔	*兎、*㝹			
象				
赖	赖、*頼			
詹				
复				
豫				
力				
办	辦			
励	勱			

	繁体	小篆	金文	甲骨文		繁体	小篆	金文	甲骨文
加					勉				
动	動、*働				勇				
劣					勎	勣			
劫	*刦、*刼 *刧				勃				
励	勵				勐				
助					哿				
劬					勘				
努	*拏				勦	勦			
劭					勖	*勗			
劲	勁				勤	*懃			
劻					勠				
劼					勰				
势	勢				勸				
劾					又				
勃					叉				
勋	勛、*勳				友				

	繁体	小篆	金文	甲骨文
邓	鄧			
劝	勸			
双	雙、*隻			
发	發、髮			
圣	聖			
对	對			
戏	戲、*戱			
观	觀			
欢	歡、*懽 *讙、*驩			
鸡	鷄、*雞			
叔				
受				
变	變			
艰	艱			
叒				
叟				

	繁体	小篆	金文	甲骨文
叙	*敍、*敘			
叚				
难	難			
桑	*桒			
叠	*疊、*曡 *疂			
燮	*爕			
夔				
厶				
允				
弁				
台	臺、檯 颱			
丢				
牟				
县	縣			
矣				
叁		三	三	

	繁体	小篆	金文	甲骨文
参	参、*条 *葠、*蓡			
枭				
枭				
枭				
垒	壘			
畚				
能				
廷				
延				
建				
干	乾、*乹 *乾、*榦			
刊	*栞			
邗				
平				
罕				
顸	頇			

	繁体	小篆	金文	甲骨文
工				
巧				
邛				
功				
左				
巩	鞏			
贡	貢			
汞				
攻				
巫				
项	項			
巯	巰			
土				
圢				
去				
圩				

29

	繁体	小篆	金文	甲骨文
圬	*圬			
圭				
寺				
圩				
圫				
圪				
圳	*甽			
圾				
圹	壙			
圮				
坯				
地				
场	場、*塲			
在				
坛	壇、罎 *墠、罈			
坏	壞			

	繁体	小篆	金文	甲骨文
坵	堀			
坜	壢			
坉				
址	*阯			
坝	坝、壩			
圻				
坂	*阪、*岅			
坨	堷			
坋				
坎	*埳			
坍				
均				
坞	塢、*隖			
坟	墳			
坑	*阬			
坊				

	繁体	小篆	金文	甲骨文
块	塊			
坚	堅			
坐				
坠	墜	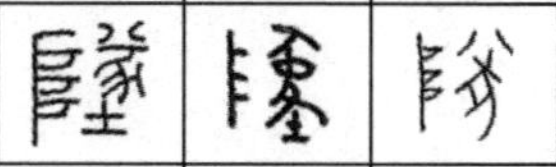		
坩		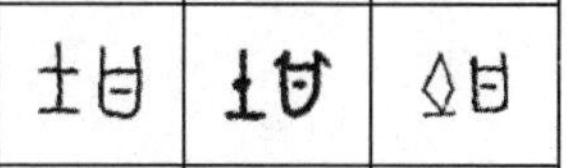		
坷		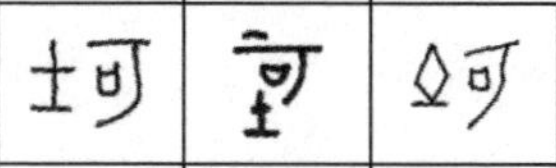		
坏				
坼				
坪		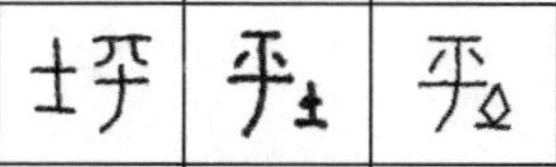		
坫				
垆	墟、*罏			
坦				
坥		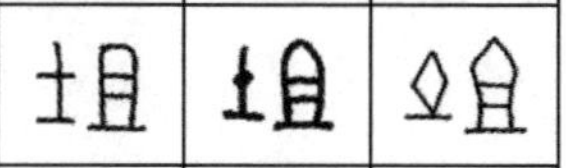		
坤	*堃	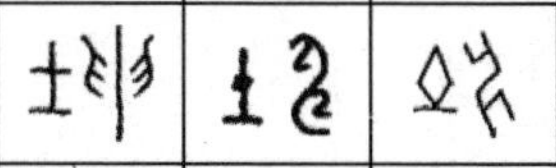		
坰				
垌		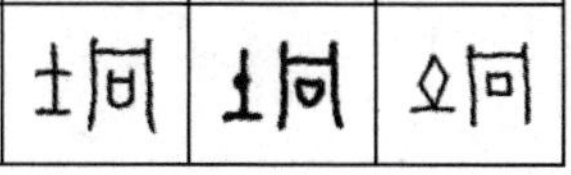		

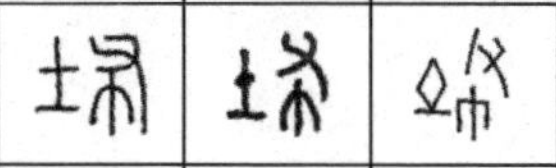

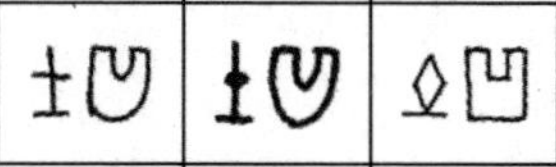

	繁体	小篆	金文	甲骨文
坼				
㧪				
坽				
坻		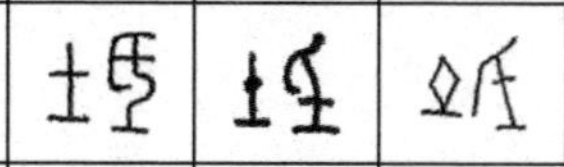		
垃				
幸	*倖	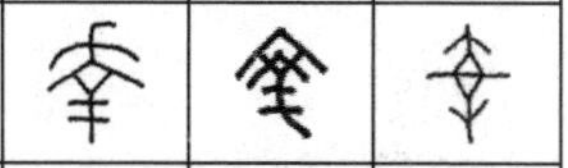		
坨				
坭				
坡		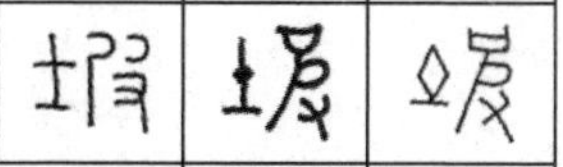		
坳	*㘭			
坙				
型		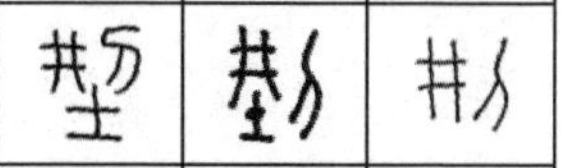		
垚		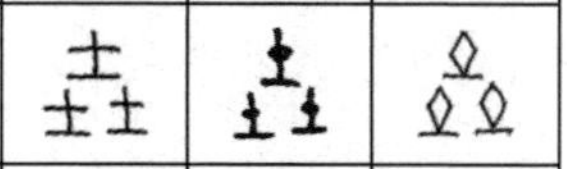		
垭	埡			
垣		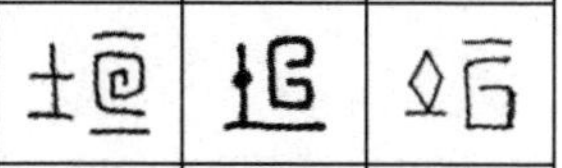		
垮		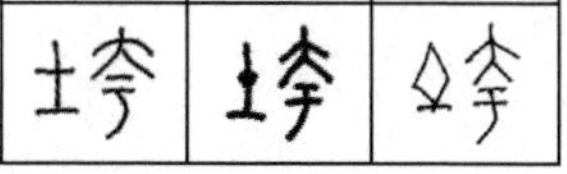		

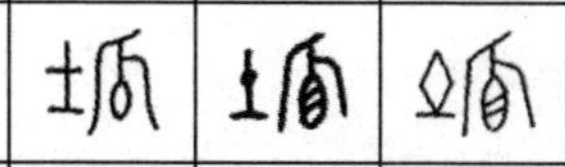

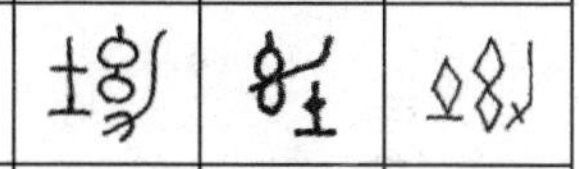

	繁体	小篆	金文	甲骨文		繁体	小篆	金文	甲骨文
埭	墥				垓				
城					垟				
垤					垞				
垗					垵				
垱	墙				埭				
垌					垠				
垲	塏				坒	坙			
埏					垡				
垍					屋				
垧					塝	塝			
垢					埔				
垛	*垜、*稞				埂				
垫	墊				垙				
垰					埠				
垎					埕				
垴					坿	塿			

32

	繁体	小篆	金文	甲骨文		繁体	小篆	金文	甲骨文
埋					域				
塤	塤、*壎				堼				
堝	堝				埼	*碕			
袁					埯				
埒					堉				
垺					場				
埄					堌				
埻					埵				
垸					垷				
埌					堆				
埇					埤				
埃					埠				
聖					埝				
堵					堋				
埈					塊				
填					墫				

	繁体	小篆	金文	甲骨文
培				
堉				
𫮃	墠			
埮				
埪				
埭				
埽				
堏				
基				
堑	塹			
堂				
堃				
堕	墮			
堾				
堼				
堪				

	繁体	小篆	金文	甲骨文
堞				
塔	*墖			
塃				
堰				
堙	*陻			
𪤗				
堧	*壖			
堤	*隄			
堨				
塄				
塅				
堠				
塆	壪			
𪣻	塿			
𡋾				
堡				

	繁体	小篆	金文	甲骨文
塈				
塆				
填				
塌				
塬				
塌				
埋				
塘				
塝				
塑				
塑	*塐			
塢				
塦				
堇				
坉				
墙	墙、*牆			

	繁体	小篆	金文	甲骨文
墟				
墁				
壕				
墉	*陠			
境				
墑	*暘			
墚				
塲				
碣				
墅				
坒				
塾				
墣				
墦				
墩	*墊			
墻				

	繁体	小篆	金文	甲骨文		繁体	小篆	金文	甲骨文
增					喆				
墀					喜				
毄					壴				
壁					嘉				
壕					熹				
壑					憙				
壤					囍	*喆			
士					懿				
吉					艺	藝			
壳	殻				艾				
志	*誌				芄				
声	聲				节	節			
毐					芳				
壶	壺				芌				
壼	壼				芏				
悫	愨、*愿				芊				

36

	繁体	小篆	金文	甲骨文
芍				
苊				
苊				
芨				
芒				
芝				
苣				
芎				
芗	薌			
芙				
芫				
芜	蕪			
苇	葦			
芸	蕓			
芾				
芨				

	繁体	小篆	金文	甲骨文
茉				
苈	藶			
苊				
苊				
苴				
芽				
芘				
芷				
芮				
苋	莧			
芼				
苌	萇			
花	*芲、*蘤			
芹				
芥				
苏	蘇			

37

	繁体	小篆	金文	甲骨文		繁体	小篆	金文	甲骨文
芩					芭				
芬					苊				
苍	蒼				苏	蘇、嗹 *甦、蘓			
芪					苡				
芴					茉				
茨					苷				
荽					苦				
芶					苯				
苄					苛				
芰					苤				
芳					若				
芴	蔫、*蔫				茂				
苎	苧				茏	蘢			
芦	蘆				茇				
芯					苹	蘋			
劳	勞				苫				

	繁体	小篆	金文	甲骨文
苜		苜	苜	苜
苴		苴	藋	苴
苗		苗	苗	苗
苽		苽	苽	苽
英		英	英	英
苣		苣	苣	苣
苒		苒	苒	苒
苘	*蘂、*蕡	苘	苘	苘
苲		苲	苲	苲
茬		茬	茬	茬
荷		荷	荷	荷
苫		苫	苫	苫
茶		茶	茶	茶
芩		芩	芩	芩
茚		茚	茚	茚
苠		苠	苠	苠

	繁体	小篆	金文	甲骨文
苟		苟	苟	苟
茆		茆	茆	茆
茑	蔦	蔦	蔦	蔦
苑		苑	苑	苑
苞		苞	苞	苞
范	範	范	范	范
苧	薴	薴	薴	薴
茓		茓	茓	茓
茔	塋	塋	塋	塋
苾		苾	苾	苾
茕	煢、*惸	煢	煢	煢
茈		茈	茈	茈
茀		茀	茀	茀
茁		茁	茁	茁
茗		茗	茗	茗
茄		茄	茄	茄

	繁体	小篆	金文	甲骨文
茎	莖			
苔				
茅				
茇				
茸				
苴				
茜				
茌				
荐	薦			
莲	蓬			
荚	莢			
黄				
荛	蕘			
荜	蓽			
茈				
草	*艸、*騲			

	繁体	小篆	金文	甲骨文
茧	蘭、*璽 *緄			
苣				
茼				
茵				
茴				
茱				
莛				
荞	蕎、*荍			
茯				
茆				
茌				
苫				
荇	*莕			
荃				
荟	薈			
茶				

	繁体	小篆	金文	甲骨文
荀				
茗				
荞	薺			
莜				
茨				
荒				
荄				
茪				
茼	蕳			
茾				
茳				
茫				
荡	蕩、*盪			
荣	榮			
荤	葷			
荥	滎			

	繁体	小篆	金文	甲骨文
荦	犖			
荧	熒			
荨	蕁、*藆			
荪				
茛				
苠	蓋			
荪	蓀			
莜				
荫	蔭、*廕			
茹				
荔	*荔			
荬	蕒			
荭	紅			
荮	葤			
药	藥			
莰				

	繁体	小篆	金文	甲骨文		繁体	小篆	金文	甲骨文
苣					莅	*涖、*蒞			
葶					荼				
莆					荙	薟			
萳	萳				埅				
莽					莩				
莱	萊				葽				
莲	蓮				获	獲、穫			
莳	蒔				莸	蕕			
莫					狄				
莴	萵				蔡	蓧			
莪					菩				
莉					莘				
莠					莎				
莓					莞				
荷					劳	勞			
莜					莹	瑩			

	繁体	小篆	金文	甲骨文
莨				
莺	鶯、*鷪			
菪				
莼	蒓、*蓴			
菁				
菝				
著				
菱	*䔖			
莑	撵			
其				
菥				
菘				
莿				
萘				
萮				
萎				

	繁体	小篆	金文	甲骨文
菲				
菽	*尗			
草				
菖				
萌				
萜				
萝	蘿			
菌				
萎				
萸				
萑				
萆				
药				
菜				
葱				
菜				

43

	繁体	小篆	金文	甲骨文
蒛				
菟				
萄				
苕				
菊				
萃				
菩				
茭				
菏				
萍				
菹	*葅			
菠				
茿				
菪				
菅				
菀				

	繁体	小篆	金文	甲骨文
萤	螢			
营	營			
萦	縈			
萦	縈			
萧	蕭			
菉				
崫				
菰				
菡				
萨	薩			
菇				
苗				
葜				
葑				
葚				
葫				

	繁体	小篆	金文	甲骨文
萳				
苴				
葴				
葳				
惹				
薉	薉			
葬	*壄、*塟			
暜				
募				
葺				
葛				
蕡	蕡			
蕙				
萼	*蕚			
菁				
萩				

	繁体	小篆	金文	甲骨文
董				
葆				
蒐				
葩				
葰				
葎				
葡				
葱	*蒠			
蒋	蔣			
葶				
蒂	*蔕			
蔞	蔞			
蒎				
落				
萱	*蕿、*藼、*蘐、*蕙			
葵				

	繁体	小篆	金文	甲骨文		繁体	小篆	金文	甲骨文
蔻					蓓				
萹					蓖				
葭					蔴				
葵					蓊				
蓁					蓟	薊			
蒜					蓬				
蒱					蓑	*簑			
蓍					蒿				
蔟					蒺				
蓝	藍				蓠	蘺			
墓					蔀				
幕	*幙				蒟				
暮	蟇				蒡				
蒽					蓄				
蒨					蒹				
蒋					萌				

46

	繁体	小篆	金文	甲骨文
蒲				
蒗				
蓉				
蒙	矇、濛懞			
萌				
莫				
銎	鉴			
翡				
蒸				
蕧	蕧			
彗				
蔫				
蓺				
薔	薔			
薮				
薰				

	繁体	小篆	金文	甲骨文
慕				
暮				
摹				
蔓				
蔑	衊			
薯				
蘷	夔			
蒐				
莚				
薮	薮			
蔡				
蔗				
蔟				
蔺	藺			
蔽				
蔟				

	繁体	小篆	金文	甲骨文
藻				
蔻				
蓿				
蔼	藹			
蔚				
蓼				
蕙				
蕈				
蕨				
蕤				
蕞				
蕺				
蓸				
蕉				
薁				
蕃				

	繁体	小篆	金文	甲骨文
蕲	蘄			
薀				
蕊	*橤、*蕋 *蘂			
蔃				
蔬				
蕴	蘊			
蕻				
薳				
薤				
蕾				
𬞟	蘋			
蕗				
薯	*藷			
薨				
薙				
薛				

	繁体	小篆	金文	甲骨文		繁体	小篆	金文	甲骨文
薇					蘚	蘚			
薜					薿				
薪					藁				
蕙					藻				
薙					藕				
薮	藪				蓺				
薄					蘺	蘺			
薛					畕				
蘠					藜	*藜			
藉					喿				
薹					藤	*籐			
藏					摩				
薷					蓙				
蕅					藩				
薰					藿				
藐					蘧				

49

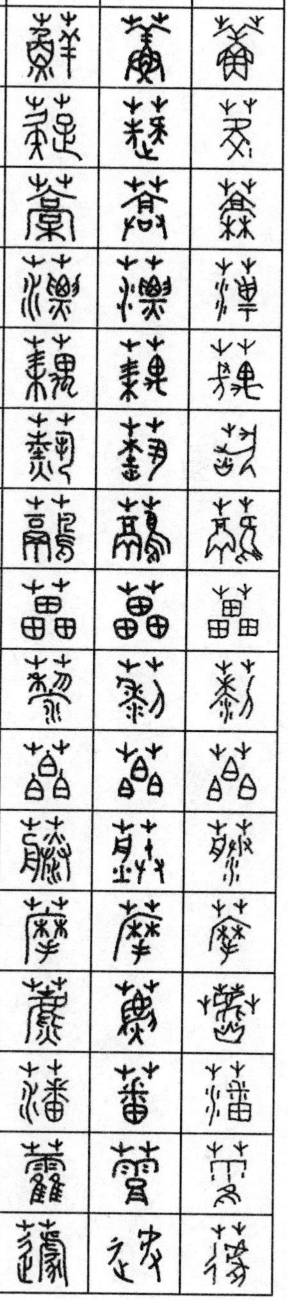

	繁体	小篆	金文	甲骨文			繁体	小篆	金文	甲骨文
蕚	*蘖					夯				
蘅						弈				
蘑						弊	*獘			
藻						大				
蘩						太				
蘖	*蘗					夯	*碖			
蘘						头	頭			
醮						夸	誇			
蘽	*欒					夺	奪			
蘼						夼				
寸						㐫	盅、匜 *匽、籔			
寿	壽					夿				
封						奈				
尉						奔	*犇、*奔 *逩			
尊						奇				
弃	*棄					奄				

	繁体	小篆	金文	甲骨文
奋	奮			
奅				
契	*栔、*㓞			
奎				
奄				
参				
牵	牽			
奖	奬、*獎			
奕				
套				
奘				
匏				
奢				
爽				
奞				
奥				

	繁体	小篆	金文	甲骨文
奠				
奰				
樊				
尢				
尤				
尥				
尪	*尫			
尬				
尴	尷、*尶			
兀				
尧	堯			
尰				
豚				
㰻	㰻			
戈				
弋				

	繁体	小篆	金文	甲骨文
式				
弍				
式				
忒				
甙				
鸢	鳶			
贰	貳			
小				
少				
尔	爾、*尒			
尕				
尘	塵			
尖				
尜				
雀				
纛				

	繁体	小篆	金文	甲骨文
光				
当	當、噹			
肖				
尚				
尝	嘗、*嚐			
辉	輝、*煇			
耀	*燿			
口				
可				
右				
叶	葉			
叮				
号	號			
卟				
只	隻、衹 *祇、*秖			
叭				

	繁体	小篆	金文	甲骨文		繁体	小篆	金文	甲骨文
叱					吒				
兄					吃	*喫			
叽	嘰				吸				
叼					吖				
叫	*呌				吗	嗎			
叩	*敂				吆	*吆			
叨					向	嚮、*曏			
叻					吞				
另					吾				
叹	嘆、*歎				否				
吁	籲				呈				
吐					吴				
吓	嚇				呋				
吋					呒	嘸			
吕					呓	囈、*讛			
吊	*弔				呆	*獃			

	繁体	小篆	金文	甲骨文
吱				
呸				
吠				
呔				
呕	嘔			
呖	嚦			
呃				
呀				
吨	噸			
呲				
吵				
呗	唄			
员	員			
呐				
呙	咼			
吽				

	繁体	小篆	金文	甲骨文
听	聽			
咚				
吟	*唫			
吩				
呛	嗆			
吻	*脗			
吹				
呜	嗚			
吭				
吣	*唫、*嗒			
呎				
吲				
吧				
吼				
吮				
告				

54

	繁体	小篆	金文	甲骨文
君				
味				
叮				
哎				
咕				
呵				
咂				
呸				
咙	嚨			
咔				
咀				
呷				
呻				
唊				
咋	*嘖			
咐				

	繁体	小篆	金文	甲骨文
呱				
呼	*嘑、*謼			
吟				
咚				
鸣	鳴			
咆				
咛	嚀			
咇				
咏	*詠			
呢				
咄				
呶				
咖				
咍				
呣				
呦				

	繁体	小篆	金文	甲骨文
哟	嚛			
咎				
哉				
咥				
哪				
哇				
咀				
哄	*閧、*鬨			
哑	啞			
咺				
哂				
咏				
哒	噠			
咧				
咦				
哓	嘵			

	繁体	小篆	金文	甲骨文
哔	嗶			
咥				
呲				
咣				
虽	雖			
品				
哃				
咽	*嚥			
哆	嚦			
味				
咻				
哗	嘩、*譁			
咱	*偺、*喒			
咿	*吚			
响	響			
哌				

	繁体	小篆	金文	甲骨文
哙	噲			
哈	*煆			
咻				
哚	*噪			
咯				
哆				
咬	*龁、齩			
咳	*欬			
咩	*哶、哔			
咪				
咤	*吒			
哝	噥			
哷	嘑			
哪				
哏				
哞				

	繁体	小篆	金文	甲骨文
哟	哟			
咨	*諮			
哲	*喆			
唪				
唛	嘜			
哇				
喷	噴			
哧				
唽				
哮				
唠	嘮			
哼				
哺				
哽				
唔				
俩	啢			

	繁体	小篆	金文	甲骨文
哨				
唝	嗊			
哩				
哦				
唬	*啤			
唏				
唑				
唤				
唁				
哼				
唧				
啊				
唉				
唆				
唪				
啧	嘖			

	繁体	小篆	金文	甲骨文
啫				
啪				
啦				
啈				
啃				
喏				
喵				
啉				
唵				
啄				
啭	囀			
啡				
唷				
啮	嚙、*齧 *齮			
唬				
咽	喊			

	繁体	小篆	金文	甲骨文
唱				
啰	囉			
唾				
唯				
啤				
啥				
啁				
啕				
嗯				
啐				
唉				
唷				
啴	嚲			
啖	*咯、*嗽			
啵				
啶				

	繁体	小篆	金文	甲骨文
啷				
喉				
啸	嘯			
唎				
啜				
兽	獸			
喷	噴			
戢				
喋	*啑			
嗒				
喃				
喳				
喇				
喊				
喱				
喹				

	繁体	小篆	金文	甲骨文		繁体	小篆	金文	甲骨文
喈					喽	嘍			
喝					嗞				
喝	*欲				喧	*誼			
喂	*餧、*餵				喀				
喟					喔				
喘					啄				
喙					啻				
啾					善				
嗖					营	營			
喤					嗪				
喉					嗷				
喻					嗪	*膝			
喉					嘟				
喑	*瘖				嗜				
啼	*嗁				嗑				
嗟					嗫	囁			

	繁体	小篆	金文	甲骨文
嗬				
𫫇	噁			
嗔				
嗦				
嗝				
嗄				
嗣				
嗯	*㕶、*叽			
嗅				
嗥	*嘷、*獋			
嗲				
嗳	噯			
嗡				
嗙				
嗌				
嗛				

	繁体	小篆	金文	甲骨文
嗍				
嗨				
嗐				
嗤				
嗵				
嗓				
辔	轡			
嘞				
嘈				
嗽	*嗽			
嘌				
嘁				
嘎	*嘠			
嘘				
嘡				
嘣				

	繁体	小篆	金文	甲骨文		繁体	小篆	金文	甲骨文
嘤	嚶				噗				
喝					嘬				
嘛					嘿				
嘛					噍				
嘀	*啾				噢				
嗾					噙				
嘧					噙				
嘻	*譆				噜	嚕			
嘭					噇				
噎					噂				
嘶					噌				
噶					嘱	囑			
嘲	*謿				噗	*漢			
噘					噔				
嘹					嘆				
嘈					嗃				

	繁体	小篆	金文	甲骨文		繁体	小篆	金文	甲骨文
噤					嚣	囂			
嘴					嚯				
噱					嚼				
器	*噐				嚷				
噪	*譟				嚯				
噬					嚷				
噘					○				
噫					囚				
噻					四				
噼					团	團、糰			
嚏					因	*囙			
嚅					回	迴、*廻 *逥、*囬			
嚎					囝				
嘣	嘃				囡				
嚓					园	園			
嚣					围	圍			

	繁体	小篆	金文	甲骨文
困	睏			
囤				
囮				
囵	圇			
囫				
国	國、*囯			
固				
囷				
囹				
图	圖			
囿				
圃				
圄				
圂				
圆	圓			
圊				

	繁体	小篆	金文	甲骨文
圉				
圈				
圌				
圐	*[illegible]			
圙	*[illegible]			
圜				
圝				
山				
屼				
屿	嶼			
屾				
屹				
岁	歲、*歳 *嵗			
岌				
屺				
岂	豈			

	繁体	小篆	金文	甲骨文
岍				
岐				
岖	嶇			
峛	嶧			
岠				
岈				
岗	崗			
岘	峴			
岕				
岑				
岚	嵐			
岜				
呑	*嵒			
岛	島、*嶋			
峀				
岵				

	繁体	小篆	金文	甲骨文
岢				
岸	*岍			
岩	*嵒、*巚 *巖			
崇	崬			
岿	歸			
岨				
岬				
岫				
岼				
岭	嶺			
岣				
峁				
峂				
峒				
岷				
岩				

	繁体	小篆	金文	甲骨文			繁体	小篆	金文	甲骨文
峄	嶧					峋				
岳	*嶽					峥				
岱						峻				
峃	嶨					幽				
峙						峦	巒			
峘						崕				
崇						崁				
炭						崂	嶗			
剀						峿				
岁						夆	夆			
峡	峽					崃	崍			
峣	嶢					峭	*陗			
岫						峨	*峩			
峒	*峝					崄	嶮			
峤	嶠					峪				
峗						峰	*峯			

	繁体	小篆	金文	甲骨文		繁体	小篆	金文	甲骨文
峎					崆				
峻					崇				
崚					崌				
崧					崛				
崖	*崕、厓				崡				
崎					崶				
嵫					嵁				
崭	崭、嶄				嵌				
崮					嶍	嶍			
崔					嵘	嶸			
崟	*嶔				嵖				
崤					嵝				
崩					崴				
崞					崴	*跐			
崒	*崪				嵎				
崇					崽				

	繁体	小篆	金文	甲骨文			繁体	小篆	金文	甲骨文
崿					嶓				
嵌	嵚				崾				
嵬					嶙				
崬					嶂				
嵯					嶒				
嵝	嶁				嶝				
嵫					蒙				
嵋					巇	巇			
嶅					嶦				
嵊					嶼				
嵲					嶷				
嵩					巅	巔			
崤					巇				
嶂					巍				
嶍					巉				
崬					巆				

	繁体	小篆	金文	甲骨文
巾				
布	*佈			
帅	帥			
帆	*帆、*颿			
帏	幃			
帐	帳			
希				
帖				
帜	幟			
袂	*袄、*裵			
帕				
帔				
帑				
帮	帮、*幇、*幚			
带	帶			
帧	幀			

	繁体	小篆	金文	甲骨文
帡				
帝				
帱	幬			
帨				
常				
帻	幘			
帼	幗			
帷				
帵				
幅				
帽	*帽			
幄				
幌				
幖				
幔				
幛				

	繁体	小篆	金文	甲骨文
幞				
幡	*旛			
幢				
幪				
彳				
行				
彻	徹			
役				
彷	*徬			
征	徵			
徂				
往	*徃			
彼				
径	徑、*逕			
衍				
待				

	繁体	小篆	金文	甲骨文
徊				
徇	*狥			
徉				
衍				
律				
很				
徒				
徕	徠			
徐				
鸺	鵂			
徛				
徘				
徙				
徜				
得				
衔	銜、*啣 *衘			

<table>
<tr><td></td><td>繁体</td><td>小篆</td><td>金文</td><td>甲骨文</td><td></td><td>繁体</td><td>小篆</td><td>金文</td><td>甲骨文</td></tr>
<tr><td>衛</td><td></td><td></td><td></td><td></td><td>形</td><td></td><td></td><td></td><td></td></tr>
<tr><td>街</td><td></td><td></td><td></td><td></td><td>彤</td><td></td><td></td><td></td><td></td></tr>
<tr><td>御</td><td>禦</td><td></td><td></td><td></td><td>须</td><td>須、鬚</td><td></td><td></td><td></td></tr>
<tr><td>徨</td><td></td><td></td><td></td><td></td><td>彦</td><td></td><td></td><td></td><td></td></tr>
<tr><td>循</td><td></td><td></td><td></td><td></td><td>彩</td><td>*綵</td><td></td><td></td><td></td></tr>
<tr><td>衙</td><td></td><td></td><td></td><td></td><td>彭</td><td></td><td></td><td></td><td></td></tr>
<tr><td>微</td><td></td><td></td><td></td><td></td><td>彰</td><td></td><td></td><td></td><td></td></tr>
<tr><td>徭</td><td>*傜</td><td></td><td></td><td></td><td>影</td><td></td><td></td><td></td><td></td></tr>
<tr><td>徯</td><td></td><td></td><td></td><td></td><td>夕</td><td></td><td></td><td></td><td></td></tr>
<tr><td>德</td><td>*悳</td><td></td><td></td><td></td><td>外</td><td></td><td></td><td></td><td></td></tr>
<tr><td>徵</td><td></td><td></td><td></td><td></td><td>舛</td><td></td><td></td><td></td><td></td></tr>
<tr><td>衜</td><td></td><td></td><td></td><td></td><td>名</td><td></td><td></td><td></td><td></td></tr>
<tr><td>徼</td><td></td><td></td><td></td><td></td><td>多</td><td></td><td></td><td></td><td></td></tr>
<tr><td>衡</td><td></td><td></td><td></td><td></td><td>梦</td><td>夢</td><td></td><td></td><td></td></tr>
<tr><td>徽</td><td>*徽</td><td></td><td></td><td></td><td>够</td><td>*夠</td><td></td><td></td><td></td></tr>
<tr><td>衢</td><td></td><td></td><td></td><td></td><td>飧</td><td>*飱</td><td></td><td></td><td></td></tr>
</table>

	繁体	小篆	金文	甲骨文		繁体	小篆	金文	甲骨文
夥					状	狀			
舞					将	將			
夤					爿				
处	處、*虡 *処				戕				
冬	鼕				斨				
务	務				牁				
各					牂				
条	條				广	廣			
备	備、*俻				庀				
复	復、複				邝	鄺			
夏					庄	莊			
惫	憊				庆	慶			
螽					庑	廡			
夒					床	*牀			
壮	壯				庋				
妆	妆、*粧				库	庫			

72

	繁体	小篆	金文	甲骨文
庇				
应	應			
庐	廬			
序				
庞	龐			
店				
庙	廟			
府				
底				
庖				
庚				
废	廢、*癈			
庤				
度				
庭				
麻				

	繁体	小篆	金文	甲骨文
庠				
席	*蓆			
座				
唐				
庱				
庶	*庻			
庹				
庵	*菴			
庼	廎、*庼			
庚				
庫				
廊				
康				
庸				
歔	歔			
廋				

	繁体	小篆	金文	甲骨文
廆				
赓	賡			
厩	*廐			
廓				
廉	*廉、*廡			
廑				
廙				
腐				
廖				
廛				
廨				
廪	*廩			
廬				
膺				
鹰	鷹			
门	門			

	繁体	小篆	金文	甲骨文
闩	閂、*櫳			
闪	閃			
闫	閆			
闬	閈			
闭	閉			
问	問			
闯	闖			
闰	閏			
闱	闈			
闲	閑、*閒			
闶	閌			
间	間、*閒			
闵	閔			
阅	閱			
闷	悶			
闸	閘、*牐			

	繁体	小篆	金文	甲骨文		繁体	小篆	金文	甲骨文
闹	鬧、*閙				闫	閆			
阋	鬩				阅	閲			
闺	閨				阆	閬			
闻	聞				阇	闍			
闼	闥				阈	閾			
闽	閩				阉	閹			
间	間				阊	閶			
闾	閭				阋	覎			
阀	閥				阌	閿			
阁	閤				阍	閽			
阁	閣、*閤				阎	閻			
净	閳				阏	閼			
阂	閡				阐	闡			
阃	閫				阄	鬮			
阄	鬮				阑	闌			
					阒	闃			

	繁体	小篆	金文	甲骨文		繁体	小篆	金文	甲骨文
阓	闠				字				
阔	闊、濶				安				
阒	闃				完				
阃	闍				宋				
阗	闐				宏				
阘	闒				牢				
阑	闌				灾	*菑、*災 *栽			
阙	闕				宝	寶、寳			
阚	闞				宗				
阛	闤				定				
宁	寧、*甯 *寍				宕				
它	*牠				宠	寵			
宄					宜				
宇					审	審			
守					宙				
宅					官				

	繁体	小篆	金文	甲骨文		繁体	小篆	金文	甲骨文
宛					宵				
实	實、*寔				宴	*讌、醼			
宓					宾	賓			
宣					容				
宦					宰				
宥					案				
宬					寇	*寇、*宼			
室					寅				
宫					寄				
宪	憲				寁				
客					寂				
害					宿	*宿			
宽	寬				密				
宦					寒				
宸					宾	賓			
家	傢				富				

	繁体	小篆	金文	甲骨文		繁体	小篆	金文	甲骨文
寔		寔	寔	寔	騫	騫	騫	騫	騫
寓	*庽	寓	寓	寓	寮		寮	寮	寮
甯		甯	甯	甯	窜		窜	窜	窜
寐		寐	寐	寐	褰		褰	褰	褰
塞		塞	塞	塞	寰		寰	寰	寰
骞	騫	骞	骞	骞	蹇		蹇	蹇	蹇
寞		寞	寞	寞	謇		謇	謇	謇
寝	寢、*寑	寝	寝	寝	辻		辻	辻	辻
寨	*砦	寨	寨	寨	辽	遼	辽	辽	辽
赛	賽	赛	赛	赛	边	邊	边	边	边
搴		搴	搴	搴	迂		迂	迂	迂
寡		寡	寡	寡	过	過	过	过	过
察	*詧	察	察	察	达	達	达	达	达
蜜		蜜	蜜	蜜	迈	邁	迈	迈	迈
寤		寤	寤	寤	辿	*迻	辿	辿	辿
寥		寥	寥	寥	迁	遷	迁	迁	迁

	繁体	小篆	金文	甲骨文
迄				
迅				
巡	*巡			
进	進			
远	遠			
违	違			
运	運			
还	還			
连	連			
迓				
迤				
迕				
近				
返				
迎				
这	這			

	繁体	小篆	金文	甲骨文
远				
迟	遲			
述				
迪				
迥	*迥			
迭				
迮				
迤	*迤			
迫	*迫			
迩	邇			
迢				
迦				
迳	逕			
迫				
迺	*迺			
选	選			

	繁体	小篆	金文	甲骨文			繁体	小篆	金文	甲骨文
适	適					逗				
追						逦	邐			
近						逐				
逃	*迯					逍				
逢						逞				
迹	跡、蹟					造				
进						透				
送						途				
迷						逅				
逆						逛				
退						逃	*遏			
逊	遜					逢				
逝						递	遞			
述						通				
逼						逡				
速						逵				

	繁体	小篆	金文	甲骨文
逴				
逻	邏			
逶				
逸				
逍				
逯				
逮				
逼	*偪			
遇				
遏				
遗	遺			
遄				
遑				
遁	*遯			
逾	*踰			
遆				

	繁体	小篆	金文	甲骨文
遒				
道				
遂				
遍	*徧			
遐				
遨				
遘				
遢				
遣				
遛				
遥				
遛				
遭				
遮				
暹				
遴				

	繁体	小篆	金文	甲骨文
遵		遵	遵	遵
遒		遒	遒	遒
遽		遽	遽	遽
邀		邀	邀	邀
避		避	避	避
遭		遭	遭	遭
避		避	避	避
邎		邎	邎	邎
邃		邃	邃	邃
邁		邁	邁	邁
归	歸	歸	歸	歸
寻	尋、*尋	尋	尋	尋
灵	靈	靈	靈	靈
帚	*箒	帚	帚	帚
彗	*篲	彗	彗	彗
護	護	護	護	護

	繁体	小篆	金文	甲骨文
录	錄	录	录	录
象		象	象	象
毚		毚	毚	毚
彝	*彝	彝	彝	彝
尸	*屍	尸	尸	尸
尺		尺	尺	尺
尼		尼	尼	尼
尻		尻	尻	尻
尽	儘、盡	盡	盡	盡
层	層	層	層	層
屁		屁	屁	屁
屃	屓、*屭	屃	屃	屃
尿		尿	尿	尿
尾		尾	尾	尾
局	*侷、*跼	局	局	局
屈	*屈	屈	屈	屈

	繁体	小篆	金文	甲骨文
居		居	居	丌
屆	*屆	屆	屆	屆
鳲	鳲	鳲	鳲	鳲
尻	*屍	尻	尻	尻
屈		屈	屈	屈
屋		屋	屋	屋
屌		屌	屌	屌
呮		呮	呮	呮
屏		屏	屏	屏
屎		屎	屎	屎
展		展	II	II
屑		屑	屑	屑
屐		屐	屐	屐
厠		厠	厠	厠
屠		屠	屠	屠
犀		犀	犀	犀

	繁体	小篆	金文	甲骨文
属	屬	屬	屬	屬
孱	屬、*蹻	孱	孱	孱
屢	屢	屢	屢	屢
屝		屝	屝	屝
屜		屜	屜	屜
履		履	履	履
屨	屨	屨	屨	屨
屩		屩	屩	屩
己		己	己	己
改		改	改	改
忌		忌	忌	忌
已		已	已	已
巳	*巳	巳	巳	巳
巴		巴	巴	巴
导	導	導	導	導
异	*異	異	異	異

	繁体	小篆	金文	甲骨文
巷		𢁅	𢁅	𤇾
巽		𢁈	𢁈	𢁈
弓		弓	弓	弓
引		引	引	引
弘		弘	弘	弘
圹	曠	曠	曠	曠
弛		弛	弛	弛
驱	彄	彄	彄	彄
张	張	張	張	張
弧		弧	弧	弧
弥	彌、*瀰	彌	彌	彌
弦	*絃	弦	弦	弦
弢		弢	弢	弢
弨		弨	弨	弨
弩		弩	弩	弩
弯	彎	彎	彎	彎

	繁体	小篆	金文	甲骨文
弡		弡	弡	弡
弱		弱	弱	弱
弸		弸	弸	弸
弶		弶	弶	弶
弹	彈	彈	彈	彈
弼		弼	弼	弼
强	*強、*彊	強	彊	強
粥		粥	粥	粥
疆		疆	疆	疆
子		子	子	子
孔		孔	孔	孔
孕		孕	孕	孕
存		存	存	存
孙	孫	孫	孫	孫
孖		孖	孖	孖
孛		孛	孛	孛

	繁体	小篆	金文	甲骨文		繁体	小篆	金文	甲骨文
孜					奸	*姦			
学	學、*孝				如				
孟					妁				
孤					妇	婦、*媍			
孢					妃				
孚					好				
孪	孿				她				
孩					妈	媽			
孳					妍				
孺					妧				
出	齣				妩	嫵、*娬			
蚩					妘				
女					妓				
奶	*妳、*嬭				妪	嫗			
奴					姒				
妄					妙	*玅			

	繁体	小篆	金文	甲骨文		繁体	小篆	金文	甲骨文
妊	*姙				姐				
妖					姐				
姈					妯				
姊	*姉				姓				
妨					姈				
妫	嬀、*媯				姁				
妒	*妬				姗	*姍			
妞					妮				
姒					姪	婬			
妤					始				
妻					姆				
妹					契				
妺					娈	孌			
姑					姿				
妭					娍				
娀					娃				

	繁体	小篆	金文	甲骨文
姞				
姥				
娅	婭			
姮				
姱				
姨				
娆	嬈			
姻	*婣			
姝				
娇	嬌			
姤				
姶				
姚				
娓				
姣				
姘				

	繁体	小篆	金文	甲骨文
娖				
娜				
孨				
娑				
姬				
娠				
娱				
娌				
娉				
娏				
娟				
娲	媧			
娥				
娢	嬐			
娩				
娴	嫺、*嫻			

87

	繁体	小篆	金文	甲骨文		繁体	小篆	金文	甲骨文
娣					婍				
娘	*孃				婕				
娓					嫩				
婀	*媕				婫				
娷					娼				
娶					婢				
婪	*惏				婤				
婴	嬰				婚				
婆					婘				
婧					婵	嬋			
婊					婶	嬸			
婞					婠				
娵					婉				
婼					娜				
媄					嫛	嫛			
媚	嬦				媒				

	繁体	小篆	金文	甲骨文
婻				
娛				
媞				
媪				
婰				
嫂				
媓				
媛				
婷				
媂				
媄				
媚				
婿	*壻			
婆				
媾				
媟				

	繁体	小篆	金文	甲骨文
嫄				
媳				
媲				
媱				
媛	嫒			
嫉				
嫌				
嫁				
嫔	嬪			
媸				
嫣				
嫱	嬙			
嫩	*嫰			
嫖	*闝			
嬷				
嫚				

89

	繁体	小篆	金文	甲骨文
嫦				
嫚				
嫘				
嫜				
嫡				
嫪				
嬉				
嫽				
嬖				
嬛				
嬗				
嬬				
孍				
嬥				
嬿				
孀				

	繁体	小篆	金文	甲骨文
孅				
飞	飛			
马	馬			
驭	馭			
驮	馱、*駄			
驯	馴			
驰	馳			
驱	驅、*駈、*敺			
驲	馹			
驳	駁、*駮			
驴	驢			
駃	駃			
驽	駑			
驾	駕			
驵	駔			

	繁体	小篆	金文	甲骨文
驵	駔			
驶	駛			
驷	駧			
驷	駟			
驸	駙			
驹	駒			
驺	騶			
驻	駐			
驲	馹			
驼	駝、*駞			
驿	驛			
骀	駘			
骂	罵、*傌 *駡			
骁	驍			
骃	駰			

	繁体	小篆	金文	甲骨文
骁	駚			
骄	驕			
骅	驊			
骆	駱			
骇	駭			
骈	駢			
骉	驫			
骊	驪			
骋	騁			
骍	騧			
验	驗、*騐			
骍	騂			
骎	騪			
骏	駿			

	繁体	小篆	金文	甲骨文		繁体	小篆	金文	甲骨文
骐	騏				骜	驁			
骑	騎				骟	騵			
骓	騑				骚	騠			
骒	騍				骝	騮			
骓	騅				骗	騙			
驹	駒				骠	驃			
骕	驌				骡	騾、*蠃			
骒	騄				骢	驄			
骖	驂				骐	驎			
骘	騭				骟	騽			
骜	驁				骤	驟			
骁	驕、*割				骥	驥			
骎	騠				骦	驦			
骗	騙				骧	驤			
骙	騤				幺				
骚	騷				幻				

	繁体	小篆	金文	甲骨文
幼		𢆶		
畿				
甾				
邕				
巢				
王				
玎				
玑	璣			
玕				
玒				
弄	*衖、*挵			
玙	璵			
玖				
玓				
玘				
玚	瑒			

	繁体	小篆	金文	甲骨文
玛	瑪			
玤				
玞				
玩	*貦			
玮	瑋			
环	環			
玡				
玭				
现	現			
玫				
玠				
玖	瑽			
玢				
玱	瑲			
玥				
玟				

	繁体	小篆	金文	甲骨文		繁体	小篆	金文	甲骨文
玦					珋				
珏					玹				
珐	*琺				珌	*瓄			
玵					珉				
珂					玿				
珑	瓏				珈				
玶					玻				
玷					珪				
珇					珥				
珅					琪				
玳	*瑇				珬				
珀					项	項			
珍	*珎				珹				
玲					珋				
珠	瓅				玼				
珊	*珊				珑				

	繁体	小篆	金文	甲骨文
珰	璫			
珠				
斑				
珦				
珩				
珧				
珣				
珞				
琤				
琥				
班				
珲	琿			
珒				
珸	瑿			
琅				
珴				

	繁体	小篆	金文	甲骨文
翙				
琎	璡			
球	*毬			
珸				
琏	璉			
琐	瑣、*璅			
珵				
理				
珺				
琇				
珨				
珨				
琉	*瑠、璢			
琅	*瑯			
珺				
望	*朢			

	繁体	小篆	金文	甲骨文		繁体	小篆	金文	甲骨文
瑝					琰				
斌					琮				
琴	*栞				琔				
琶					琯				
琪					琬				
瑛					琛				
琳					琭				
琦					琚				
琢					瑃				
琲					瑟				
琡					瑚				
琥					瑓				
琨					瑊				
瑳					瑅				
琼	瓊				瑂				
斑					瑆				

	繁体	小篆	金文	甲骨文
瑞				
瑕				
瑝				
璖				
瑰	*瓌			
瑀				
瑜				
瑗				
琋				
瑳				
瑄				
瑖				
瑂				
璑				
瑙				
瑧				

	繁体	小篆	金文	甲骨文
璬				
璊	璊			
瑨				
瑱				
瑶				
瑷	瑷			
璃	*琍、*瓈			
瑭				
瑢				
瑾				
璜				
瑮				
璀				
璎	瓔			
璁				
璋				

	繁体	小篆	金文	甲骨文
璇	*璿			
璆				
璥				
璞				
璟				
璠				
璘				
璲				
璒				
噩				
瑟				
⿰王献	瓛			
璨				
璩				
璐				
璪				

	繁体	小篆	金文	甲骨文
璬				
璮				
⿰王暴				
瓀				
瓒	瓚			
瓘				
⿰王燮				
瓖				
玉				
玺	璽			
⿱汤玉	璗			
瑬				
璧				
璺				
无	無			
炁				

	繁体	小篆	金文	甲骨文			繁体	小篆	金文	甲骨文
既						杋				
暨						机	機			
韦	韋					朸				
韧	韌、*靭 *靱、*韌					权	權			
袜	韎					杆	*桿			
靫	韣					杠	*槓			
韡	韠					杜	*斁			
韫	韞					材				
韪	韙					村	*邨			
韛	韛					林				
韬	韜、*弢					杖				
木						杌				
术	術					杙				
札	*劄、*剳					杏				
朽						杍				
朴	樸					杉				

	繁体	小篆	金文	甲骨文
杓				
极	極			
杧				
杞				
李				
杨	楊			
权				
杩	榪			
枉				
枅				
林				
枝				
杯	*盃、*桮			
枢	樞			
枥	櫪			
柜	櫃			

	繁体	小篆	金文	甲骨文
枇				
枑				
杪				
杏				
枫	楓			
枘				
枧	梘			
杵				
枚				
枨	棖			
析				
板	闆			
枌				
枞	樅			
松	鬆			
枪	槍、*鎗			

100

	繁体	小篆	金文	甲骨文
枫	楓			
构	構、*搆			
杭				
枋				
杰	*傑			
枕				
杻				
杷				
杼				
枭	梟			
标	標			
柰				
栈	棧			
枯				
柑				
枯				

	繁体	小篆	金文	甲骨文
栉	櫛			
柯				
柄				
柘				
栊	櫳			
枢				
枰				
栋	棟			
栌	櫨			
相				
查	查			
柙				
枵				
柚				
枳				
枧				

	繁体	小篆	金文	甲骨文
柞				
柏	*栢			
枥	*櫪			
栀	*梔			
柃				
柢				
栎	櫟			
枸				
栅	*柵			
柳	*栁、*桺			
柊				
枹				
柱				
柿	*柹			
栏	欄			
桙				

	繁体	小篆	金文	甲骨文
柠	檸			
柁				
柡				
柮				
柖				
枷				
桱	樫			
树	樹			
柒				
染				
架				
栽				
框				
梆				
栻				
桂				

	繁体	小篆	金文	甲骨文
桔				
栲				
栳				
桠	椏			
郴				
桓				
栖	*棲			
梜	梜			
桡	橈			
桎				
桢	楨			
桄				
档	檔			
柘				
桐				
桤	橙			

	繁体	小篆	金文	甲骨文
株				
梃				
栝				
桥	橋			
栴				
枨				
柏				
梴				
桦	樺			
桁				
栓				
桧	檜			
桃				
桅				
枸				
格				

	繁体	小篆	金文	甲骨文
桩	樁			
校				
核	*覈			
样	樣			
栟				
桉				
根				
栩				
柴				
桀				
栾	欒			
桨	槳			
桼				
梼	檮			
械				
桡				

	繁体	小篆	金文	甲骨文
彬				
梵				
桲				
梗				
梧				
梾	棶			
梿	槤			
桯				
梢				
桯				
梣				
梏				
梅	*楳、*槑			
棷				
检	檢			
桴				

	繁体	小篆	金文	甲骨文		繁体	小篆	金文	甲骨文
桷					棱	*稜			
梓					棋	*棊、*碁			
梳					椰				
棁					楷				
梯					植				
杪					森				
根					棽				
棂	櫺、*櫺				棼				
棧					械				
桶					椟	櫝			
梭					椅				
梨	*棃				椓				
渠	*佢				排				
梁	*樑				椒				
棒					棹	*櫂			
楮					棵				

	繁体	小篆	金文	甲骨文			繁体	小篆	金文	甲骨文
棍					棕	*椶			
椤	欏				棺				
椥					椀				
棰	*箠				榔				
椎					楗				
棉					棣				
椑					椐				
楨	楨				楕	橢			
棚					槧	槧			
椆					棠				
棕					棨				
椁	*槨				楔				
棓					椿				
棬					椹				
椪					楪				
棪					楠	*柟、*枏			

106

	繁体	小篆	金文	甲骨文
楂	*樝			
楝				
楷				
榄	欖			
楫	*檝			
榲				
楬				
楒				
楍				
楞				
楎				
楸				
椴				
梗				
槐				
槌				

	繁体	小篆	金文	甲骨文
楯				
榆				
椫	櫬			
桅	*籭			
桐	櫚			
槎				
楼	樓			
榉	欅			
檀	*瑗			
概	*槩			
楣				
榅				
楙				
椽				
榛				
椫				

	繁体	小篆	金文	甲骨文		繁体	小篆	金文	甲骨文
楂					槟	檳、*梹			
楛					榨	*搾			
模					榕				
榑					楮	櫧			
槚	檟				榷	*搉、*権			
槛	檻				楣				
榄	欖				樋				
榻					槃				
桦					榘				
槜	*檇				槼				
榭					槽				
槔	*橰				槿				
榴					横				
槐					樯	檣、*艢			
槁	*槀				槽				
榜	*牓				樵				

108

	繁体	小篆	金文	甲骨文
槭				
樗				
樘				
樱	櫻			
橡				
槲				
樟				
橄				
獉	*獉			
槃	*橃			
樾				
槵				
橱	*櫉			
橛	*橜			
橑				
橇				

	繁体	小篆	金文	甲骨文
樵				
橉				
橹	櫓、*樐 *艪、*艣			
橦				
樽	*罇			
樨				
橙				
橘				
橼	櫞			
橐	*槖			
檬				
橞				
槸				
橄				
檐	*簷			
橥				

109

	繁体	小篆	金文	甲骨文		繁体	小篆	金文	甲骨文
檩	*檁				敊				
檀					犬				
檗					哭				
檫					献	獻			
槛					猷				
樏					獒				
槠					犰				
櫎					犯				
槥					犴				
杀	殺				犷	獷			
杂	雜、*襍				犸	獁			
弑					狂				
支					犹	猶			
郄					狈	狽			
颏	頦				狄				
翅	*翄				狃				

	繁体	小篆	金文	甲骨文		繁体	小篆	金文	甲骨文
犹					猞	獪			
犴					狰				
狙					狡				
狎					狩				
狐					狱	獄			
狝	獮				狠				
狗					狲	猻			
狍	*麅				犷	獷			
狞	獰				狴				
狄					狸	*貍			
狒					狷	*獧			
狨					猁				
狭	狹、*陿				狳				
狮	獅				猃	獫			
狛					猖				
独	獨				狼				

111

	繁体	小篆	金文	甲骨文			繁体	小篆	金文	甲骨文
猊	*㺊					獈	*玃			
狻						猢				
猜						猹				
猪	*豬					猩				
猎	獵					猥				
猫	*貓					猬	*蝟			
猗						猺				
猇						猾				
猖						猴				
猡	玀					猷	*㺄			
猊						猸				
猞						猱				
猄						猿	*猨、*蝯			
猝						猺				
猕	獼					獐	*麞			
猛						獍				

	繁体	小篆	金文	甲骨文
獮				
獠				
獴				
獭	獺			
獬				
獯				
獲	*獲、*玃			
攫				
歹				
列				
死				
歼	殲			
殁				
残	殘			
殂				
殃				

	繁体	小篆	金文	甲骨文
殇	殤			
殄				
殆				
殊				
殉				
殒	殞			
殓	殮			
殍				
殖				
殚	殫			
殛				
殢	殢			
殡	殯			
殣				
殪				
车	車			

113

	繁体	小篆	金文	甲骨文
轰	轟、*掏			
辇	輦			
轧	軋			
轨	軌			
轩	軒			
轪	軑			
轫	軏			
轫	軔、*鞆			
转	轉			
轭	軛			
斩	斬			
轮	輪			
轵	軝			
软	軟、*輭			
轱	軲			
轲	軻			

	繁体	小篆	金文	甲骨文
轳	轤			
轴	軸			
轵	軹			
轶	軼			
轱	軱			
轷	軯			
轸	軫			
轹	轢			
轺	軺			
轻	輕			
载	載			
轼	軾			
轾	輊			
轵	軷			
轿	轎			
辀	輈			

	繁体	小篆	金文	甲骨文		繁体	小篆	金文	甲骨文
轻	輕				输	輸			
辂	輅				辎	輶			
较	較				輮	輮			
轭	軛、*軶				辕	轅			
辅	輔				辖	轄、*鐣 *鑬			
辆	輛				辗	輾			
辊	輥				辘	轆			
辋	輞				辙	轍			
輗	輗				辚	轔			
辌	輬				辒	轀			
辍	輟				辔	轡			
辐	輻				牙				
辏	輳				邪	*衺			
辐	輻				鸦	鴉、*鵶			
辑	輯				鸦				
辒	輼				雅				

115

	繁体	小篆	金文	甲骨文
赏				
戈				
戊				
戎				
戍				
戌				
成				
划	劃			
戒				
或				
饿	餓			
咸	鹹			
威				
战	戰			
戚	*慼、*感			
戛	*戞			

	繁体	小篆	金文	甲骨文
戠				
戝				
戯				
戣				
戢				
戟				
戮	*劉			
戳				
比				
毕	畢			
坒				
皆				
毖				
毙	*斃、*獒			
琵				
瓦				

116

	繁体	小篆	金文	甲骨文
瓸				
瓯	甌			
瓴				
瓷	*甆			
瓶	*缾			
瓻				
瓿				
甄				
甃				
甏				
甑				
甓				
甗				
止				
此				
步				

	繁体	小篆	金文	甲骨文
武				
歧				
肯	*肎			
些				
雌				
敁				
敨				
敪				
收	*収			
攽				
政				
故				
敊				
效	*効、*傚			
教				
救	*捄			

	繁体	小篆	金文	甲骨文			繁体	小篆	金文	甲骨文
敕	*勅、*勑				整				
敊					釐				
敏					曰				
敛	斂、*歛				日				
敝					旦				
敢					早				
散	*散				兜				
敬					旮				
敞					旭				
敦	*敦				旰				
敩	斅				旱				
敫					旴				
数	數				时	時、*旹			
斄					旵				
斄					旷	曠			
敷					旸	暘			

	繁体	小篆	金文	甲骨文			繁体	小篆	金文	甲骨文
昔						易				
旺						昀				
昊						昂				
晘	暵					旻				
昙	曇					昉				
杲						炅				
昃						旷				
昆	*崏、*崑					智				
昌						春	*萅			
晛	晛					旾				
旵						昧				
昇						是				
昕						是	*昰			
昄						㫤	*昞			
明						晚	曉			
昒						显	顯			

	繁体	小篆	金文	甲骨文		繁体	小篆	金文	甲骨文
映	*暎				晋	*晉			
星					晅				
昳					晒	曬			
昨					晟				
畛					晓	曉			
昑					晊				
昫					晃	*撔			
曷					晔	曄			
昂					晌				
昱					晁	*鼂			
昡					晐				
昵	*曘				晏				
昭					晖	暉			
昇					晕	暈			
晳					晢	*晣			
昶					曹				

	繁体	小篆	金文	甲骨文		繁体	小篆	金文	甲骨文
晡					量				
晤					晫				
晨					晶				
曼					暎				
晦					暑				
晞					晾				
晗					景				
晚					晬				
晥					晱				
晙					智				
替					普				
暂	暫、*蹔				曾				
晴					暕				
暑					暍				
最	*冣、*㝡				暖	*暅、*煖、*煗			
晰	*晳				曼				

121

	繁体	小篆	金文	甲骨文		繁体	小篆	金文	甲骨文
暗	*晻、闇				暾				
晅					曚				
暄					曙				
暇					曝				
暌					曛				
暖	煖				曜				
暝					曝				
㬎					曦				
暵					曩				
暴					冒	*冃			
暲					冔				
璇					冕				
曃					贝	貝			
曌					则	則			
曒					财	財			
曈					责	責			

	繁体	小篆	金文	甲骨文
贤	賢			
败	敗			
账	賬			
贩	販			
贬	貶			
购	購			
贮	貯			
货	貨			
贯	貫			
贳	貰			
贵	貴			
贱	賤			
贴	貼			
觊	覘			
贻	貽			
贷	貸			

	繁体	小篆	金文	甲骨文
贸	貿			
费	費			
贺	賀			
贽	贄			
赀	貲			
贼	賊			
贿	賄			
赂	賂			
赃	贓、*臟			
赅	賅			
赆	贐			
赁	賃			
资	資、*貲			
赉	賚			
赇	賕			
赈	賑			

	繁体	小篆	金文	甲骨文
赊	賒			
贲	賁、*賣 *齎			
赏	賞			
赋	賦			
赌	賭			
赎	贖			
赐	賜			
赑	贔			
赒	賙			
赔	賠			
赕	賧			
赗	賵			
赘	贅			
赙	賻			
赚	賺			

	繁体	小篆	金文	甲骨文
赜	賾			
赠	贈			
赞	贊、*賛 *讚			
赟	贇			
赡	贍			
水				
氼				
沓				
浆	漿			
淼				
汁				
汀				
汇	匯、彙 *滙			
氿				
汋				
汃				

	繁体	小篆	金文	甲骨文		繁体	小篆	金文	甲骨文
汉	漢				汤	湯			
氾					汊				
汗					沣	灃			
污	*汙、*汚				汪				
江					汧				
沥	滿				洪				
汕					沅				
汔					沃	潕			
汐					沣	潿			
汋					沄	澐			
汍					沐				
汲					沛				
汛					沔				
氾					汏				
池					沤	漚			
汝					沥	瀝			

	繁体	小篆	金文	甲骨文		繁体	小篆	金文	甲骨文
沌					泛	*氾、*汎			
沘					沧	滄			
沏					汤				
沚					沨	渢			
沙					没				
汩					沟	溝			
汨					汴				
浈	湞				汶				
汭					沆				
汽					沩	潙、潙			
沃					沪	滬			
沂					沈	瀋			
汶					沉				
沦	淪				沁				
汹	*洶				沏				
汾					沆				

126

	繁体	小篆	金文	甲骨文		繁体	小篆	金文	甲骨文
沫					泱				
浅	淺				洞				
法	*灋、灋				泗				
泔					泗				
泄	*洩				洗				
沽					泊				
沐					冷				
河					泜				
泷	瀧				泺	濼			
泙					沿				
沾	*霑				泃				
泸	瀘				泖				
泪	*淚				泡				
沮					注	*註			
油					泣				
油					泫				

	繁体	小篆	金文	甲骨文
泮				
泞	濘			
沱				
泻	瀉			
泌				
泳				
泥				
泯	*泯			
沸				
泓				
沼				
泇				
波				
泼	潑			
泽	澤			
泾	涇			

	繁体	小篆	金文	甲骨文
治				
洭				
洼	窪			
洁	潔、*絜			
涝				
洱				
洪				
洹				
涑				
洒	灑			
洧				
洒				
洿				
减				
洌				
狭	狹			

	繁体	小篆	金文	甲骨文			繁体	小篆	金文	甲骨文
浇	澆					沶				
泚						洫				
滇	滇					派				
浉	溮					浍	澮			
洸						洽				
浊	濁					洮				
洞						洈				
洇						洵				
洄						泽				
测	測					洺				
洙						洛				
洗						浏	瀏			
活						济	濟			
狱						洨				
涎	*次					沪	滬			
洦						流				

	繁体	小篆	金文	甲骨文			繁体	小篆	金文	甲骨文
洋					浦				
洴					浭				
洣					涑				
洲					浯				
浑	渾				酒				
浒	滸				涞	淶			
浓	濃				涟	漣			
津					涉				
浔	潯				消				
泺	濼				涅	*湼			
洳					浬				
涛	濤				涧	澗			
浙	*淛				湾				
涝	澇				涎				
浡					涓				
					涢	溳			

	繁体	小篆	金文	甲骨文		繁体	小篆	金文	甲骨文
涡	渦				浲				
浥					涤	滌			
涔					流				
浩					润	潤			
浅					涧	澗			
涮					涕				
海					浣	*澣			
浜					浪				
浟					浸				
涂	塗、*涂				涨	漲			
浠					涩	澀、*澁 *濇			
浴					涌	*湧			
浮					浂				
浛					浚	*濬			
涣					清				
浼					渍	漬			

	繁体	小篆	金文	甲骨文
添		𣱖	𣱖	𣱖
渚		𣱖	𣱖	𣱖
凌		𣱖	𣱖	𣱖
鸿	鴻	𣱖	𣱖	𣱖
淇		𣱖	𣱖	𣱖
淋	*痳	𣱖	𣱖	𣱖
淅		𣱖	𣱖	𣱖
淞		𣱖	𣱖	𣱖
渎	瀆、*瀆	𣱖	𣱖	𣱖
涯		𣱖	𣱖	𣱖
淹	*淊	𣱖	𣱖	𣱖
涿		𣱖	𣱖	𣱖
渐	漸	𣱖	𣱖	𣱖
淑		𣱖	𣱖	𣱖
淖		𣱖	𣱖	𣱖
淌		𣱖	𣱖	𣱖

	繁体	小篆	金文	甲骨文
渓		𣱖	𣱖	𣱖
混		𣱖	𣱖	𣱖
润	瀾	𣱖	𣱖	𣱖
湃		𣱖	𣱖	𣱖
渶		𣱖	𣱖	𣱖
涸		𣱖	𣱖	𣱖
渑	澠	𣱖	𣱖	𣱖
淮		𣱖	𣱖	𣱖
淦		𣱖	𣱖	𣱖
淆	*殽	𣱖	𣱖	𣱖
渊	淵	𣱖	𣱖	𣱖
淫	*婬、*滛	𣱖	𣱖	𣱖
溯		𣱖	𣱖	𣱖
淝		𣱖	𣱖	𣱖
渔	漁、*歔	𣱖	𣱖	𣱖
淘		𣱖	𣱖	𣱖

	繁体	小篆	金文	甲骨文
淴				
淳	*湻			
液				
淬	*焠			
涪				
淤				
涓				
涩				
淡				
淙				
淀	澱			
涫				
涴				
深	*滦			
渌				
涮				

	繁体	小篆	金文	甲骨文
涵				
渗	滲			
淄				
颍	潁			
渍	漬			
湛				
港				
渫				
滞	滯			
潜				
漤	滦			
湖				
湘				
渣				
渤				
湮				

	繁体	小篆	金文	甲骨文
涵				
湝				
溟				
湜				
渺	*淼、*渺			
湿	濕、*溼			
温				
渴				
渭				
溃	潰、*殨			
湍				
溅	濺			
滑				
湃				
湫				
溲				

	繁体	小篆	金文	甲骨文
湟				
潊				
渝				
潽				
湲				
溢				
滠				
湾	灣			
淳				
渡				
游	*遊			
溠				
渓				
娄	漊			
渝				
滋				

	繁体	小篆	金文	甲骨文
浯				
渲				
溉				
渥				
湣				
湄				
滑				
滁				
溞				
滟	灩、*灩			
溱				
溢				
溺	灄			
满	滿			
漭				
漠				

	繁体	小篆	金文	甲骨文
潛				
滢	瀅			
滇				
漆				
溥				
漏				
溧				
滐				
源				
滤	濾			
滥	濫			
滉				
溻				
溷				
溦				
滏	濆			

	繁体	小篆	金文	甲骨文			繁体	小篆	金文	甲骨文
潧						溍				
漠						溢				
潡						溯	*泝、*遡			
滏						滨	濱			
滔						溶				
溪	*谿					滓				
潩						溟				
溜	*霤					滘				
滦	灤					溺				
滈						滏				
溹						滩	灘			
潋						溑	瀬			
漓	灘					滗				
滚						漁				
溏						潊				
滂						潢				

	繁体	小篆	金文	甲骨文		繁体	小篆	金文	甲骨文
潆	瀠				漪				
潇	瀟				滦	灤			
溇					泷	瀧			
漆					漳				
漕					滴				
漱	*潄				漩				
漂					漾				
濤					演				
漫					澈				
溴					漏				
潔					滩	灘			
澧					渗	滲			
灌					潍	濰			
淙					滗				
潋	瀲				潜	*潛			
潴	*瀦				澍				

137

	繁体	小篆	金文	甲骨文		繁体	小篆	金文	甲骨文
澎					澈				
澌					澜	瀾			
澈					潜				
潮					潾				
潜	*潛				潺				
潭					澄	*澂			
潵					滴				
潦					濩				
澂					潕				
潲					濑	瀨			
潟					澪				
澳					濒	瀕			
潏					濂				
潘					滩				
潚	瀂				潞				
潼					澧				

	繁体	小篆	金文	甲骨文		繁体	小篆	金文	甲骨文
澡					潵				
澴					瀑				
激					鸂	灕			
澹					瀘				
澥					瀝				
澶					瀚				
濂					瀣				
澭					瀛				
澼					灌				
濡					瀹				
澨					瀩				
濮					瀼				
濞					漢				
濠					瀺				
潢					瀷				
濯					灝	灝			

	繁体	小篆	金文	甲骨文		繁体	小篆	金文	甲骨文
灞					觐	覲			
泰					觑	覷			
黎					觑	覬、*覰*覷			
见	見				牛				
觃	覎				牟				
规	規、*槻				犁	*犂			
觇	覘				犇				
览	覽				犟	*勥			
觊	覬、*覬				犨				
觉	覺				牝				
觋	覡				牡				
觌	覿				牤	*牻			
觍	覥				物				
觎	覦				牦	*犛、*氂			
觏	覯				牧				
觐	覲				物				

	繁体	小篆	金文	甲骨文			繁体	小篆	金文	甲骨文
牞					犒				
牯					手				
牲					挈				
特					挚	摯			
牺	犧				挛	攣			
牷					拳				
牸					挲	*挱			
牾					掌				
牻					弄				
牿					掣				
犊	犢				擎				
犄					挲				
犋					攀				
犍					扎	*紮、*紥			
犏					打				
犒					扑	撲			

141

	繁体	小篆	金文	甲骨文
扒				
扔				
扦				
扛	*損、*捆			
扣	*釦			
扞				
托	*託			
执	執			
扩	擴			
扪	捫			
扫	掃			
扬	揚、*颺 *敭			
扠				
扶				
抚	撫			
抟	摶			

	繁体	小篆	金文	甲骨文
技				
抔				
抠	摳			
扰	擾			
扼	*搤			
拒				
拖	*拕			
找				
批				
扯	*撦			
抄				
折	摺			
抓				
扳				
抢	搶			
扮				

142

	繁体	小篆	金文	甲骨文		繁体	小篆	金文	甲骨文
抢	搶				抒				
抵					扱	攬			
抑					抹				
抛	*拋				拓	*搨			
投					拢	攏			
抃					拔				
抆					抨				
抗					拣	揀			
扬	攦				抡				
抖					拈				
护	護				担	擔			
抉					押				
扭					抻				
把	*欛				抽				
报	報				拐	*柺			
拟	擬、*儗				拃				

	繁体	小篆	金文	甲骨文
拖	*拕			
拊				
拍				
拆				
拎				
拥	擁			
抵	*牴、觗			
拘				
抱	*菢			
挂				
拉				
拦	攔			
拌				
扩	擴			
拧	擰			
抿				

	繁体	小篆	金文	甲骨文
拂				
拙				
招				
披				
拨	撥			
择	擇			
抃				
抬	*擡			
拇				
拗	*抝			
拭				
挂	*罣、掛			
持				
拮				
拷				
拱				

	繁体	小篆	金文	甲骨文		繁体	小篆	金文	甲骨文
揶	掗				挣				
挝	撾				挤	擠			
挎					拼				
挞	撻				拖				
挟	挾				挖	*㧊			
挠	撓				按				
挡	擋、*攩				挥	揮			
拽	*撔				捂	撜			
挺					挪				
括	*捪				拯				
挢	撟				拗				
拴					捞	撈			
揉	搡				捕				
拾					捣	*搗			
挑					振				
指					捎				

	繁体	小篆	金文	甲骨文		繁体	小篆	金文	甲骨文
捍	*扞				捅	*搲			
捏	*捏				挨	*捱			
捉					捧				
捆	*綑				揞				
捐					揶				
损	損				措				
挹					描				
捌					捺				
捡	撿				掎				
挫					掩	*揜			
挌					捷	*捷			
按					捯				
换					排				
挽	*輓				捐				
捣	搗、*擣				掉				
捃					掳	擄			

146

	繁体	小篆	金文	甲骨文
捆	捆			
拼				
捶	*搥			
推				
搏				
掀				
授				
捻				
掏	*搯			
掐				
掬				
掠				
掂				
掖				
摔				
培				

	繁体	小篆	金文	甲骨文
接				
掷	擲			
掸	掸、*撢			
掞				
控				
捩				
捐				
探				
据	據、*擄			
掘				
掺	掺			
掇				
掼	掼			
揳				
揍				
揕				

	繁体	小篆	金文	甲骨文			繁体	小篆	金文	甲骨文
搽						揄				
搭						援				
揸	*摣、叡					换	攙			
握						揞				
揩						搁	擱			
揽	攬					搓				
提						搂	摟			
揖						搅	攪			
揾						擅				
揭						搭				
愖	*攃					握				
揣						摒				
揪	撅、*捜					揆				
插	*插					搔				
揪	*擎					揉				
搜	*蒐					掾				

	繁体	小篆	金文	甲骨文		繁体	小篆	金文	甲骨文
搕					搯				
摄	攝				搛				
摸					搠				
揞	*揞				搉				
搏					摈	擯			
摅	攄				推				
搵					振				
摆	擺、襬				搦				
携	*攜、*擕 *携、攜				摊	攤			
摭					搡				
搬					椿				
摇					摽				
搞					挎				
摛					摺				
搪					摖				
搒					摧				

149

	繁体	小篆	金文	甲骨文		繁体	小篆	金文	甲骨文
攖	攖				播				
摭					擒				
摘					撸	擼			
摔	*踤				撒				
撇					撞				
撒					撤				
撞	攆				撙				
撷	擷				撺	攛			
撕					撰	*譔			
撒					撺				
撶					撼				
撅					播				
撩					操	*捰、*㨋			
撑	*撐				擐				
撮					擅				
撬					擞	擻			

	繁体	小篆	金文	甲骨文
擗				
擩				
搰	*捐			
摘				
攃				
擦				
攉				
攗	攟			
攉				
攒	攅、*攢 *儹			
攘				
攪				
攥				
攮				
拜				
看				

	繁体	小篆	金文	甲骨文
瓣				
气	氣			
气				
氕				
氘				
氙				
氚				
氛	*雰			
氡				
氟				
氢	氫			
氩	氬			
氤				
氦				
氧				
氨				

	繁体	小篆	金文	甲骨文		繁体	小篆	金文	甲骨文
氕					氇	氌			
氰					氆				
氮					氍				
氯					长	長			
氙					肆				
氘					片				
毛					版				
毡	氈、*氊				牍	牘			
毪					牌				
毨	*毨				牒				
毳					牖				
毯					斤	*劤			
毽					欣	*訢			
毵	毿				颀	頎			
毹					断	斷			
氅					斯				

	繁体	小篆	金文	甲骨文
新		𣂄	新	𣂉
斸		𣂆	𤔲	𩰊
爪		爪	𤓲	𠃬
爬		𤓯	𤓳	𤓴
孚		𤓮	孚	𤓵
妥		𤓶	𡚬	𤓷
采	*採、*寀 *埰	采	采	𡝯
觅	覓、*覔	𧠯	𥃭	𥃮
爰		𤔀	爰	𤔁
舀		舀	舀	舀
爱	愛	𢜤	𢙐	𢙑
奚		𡘹	𡙉	𡙊
舜		𦳝	舜	舜
孵		孵	孵	孵
爵		爵	𤔴	爵
縣		縣	縣	縣

	繁体	小篆	金文	甲骨文
父		𠂇	父	父
爷	爺	𤕰	𤕳	𤕴
斧		斧	𣂤	斧
爸		爸	爸	爸
釜		釜	釜	釜
爹		爹	𤕽	𤕾
月		𠥓	𠥔	𠥕
刖	*跀	刖	𣂭	𠳏
肌		肌	𦙫	𦙬
肋		𦙰	肋	𦙱
肝		肝	𦙾	𦙿
肟		肟	𦚁	𦚂
肛		肛	𦚄	𦚅
肚		肚	𦚇	𦚈
肘		肘	𦚋	𦚌
彤		彤	彤	彤

	繁体	小篆	金文	甲骨文		繁体	小篆	金文	甲骨文
肠	腸、*膓				股				
胼					肮	骯			
肤	膚				肪				
肮					肥				
胳	膊				服				
肺					胁	脅、*脇			
肢					胡	鬍、*衚			
肽					脲				
肱					胠				
肫					胋				
肿	腫				胚	*肧			
肭					胧	朧			
胀	脹				胲				
胯					腖	腖			
朋					胙				
欣	*臁				胪	臚			

154

	繁体	小篆	金文	甲骨文
胆	膽			
胛				
胂				
胜	勝			
胙				
胞				
胍				
胗				
胝				
胸				
胞				
胖	*胖			
脉	*脈、*衇 *衇、*眽			
胐				
胫	胫、*踁			
胎				

	繁体	小篆	金文	甲骨文
胯				
胰				
胱				
胴				
胭	*臙			
胸				
脍	膾			
脉				
胱				
脆	*脃			
脂				
胸	*臅			
胳	*肐			
脏	髒、臟			
脐	臍			
胶	膠			

	繁体	小篆	金文	甲骨文			繁体	小篆	金文	甲骨文
脑	腦					腜				
胲						脸	臉			
胼						脞				
朕						胇				
脒						脬				
胺						脖				
脓	膿					脱				
朔						睇				
朗						脘				
脚	*腳					脉				
脖	*頸					朘				
脯						期	*稘			
胆						腈				
豚						脮				
胈						腊	臘、臈			
朏	朏					腌	*醃			

	繁体	小篆	金文	甲骨文
腓				
腘	膕			
腴				
腘				
腆				
脾				
腋				
腑				
腙				
腚				
腔				
腕				
腱				
腒				
腻	膩			
腠				

	繁体	小篆	金文	甲骨文
腩				
腰				
腼				
腽				
腥				
腮	*顋			
腭	*齶			
腨				
腹				
腺				
腿				
腯				
腧				
鹏	鵬			
塍	*塼			
滕				

	繁体	小篆	金文	甲骨文			繁体	小篆	金文	甲骨文
腾	騰					膰				
媵	腰					臍				
腿	*骽					膳	*饍			
膜						膌				
膊						媵				
膈						膦				
膀	*髈、*胮					膒				
膑	臏					嬴				
膵	*脺					臌				
膝	*厀					朦				
膘	*臕					臊				
膛						膻	*羴、*羶			
膲						臁				
滕						臆	*肊			
膣						臃				
膨						赢	贏			

	繁体	小篆	金文	甲骨文
臑				
縢	縢			
羸				
蠃				
膌	膌			
臞				
有				
肓				
肾	腎			
肴	*餚			
育				
背	*揹			
胄				
脊				
脅				
膋				

	繁体	小篆	金文	甲骨文
臀	*臋			
臂				
氏				
氐				
昏	*昬			
欠				
软	歟			
欧	歐			
欬				
歗				
欷				
款	*欵			
欺				
欹				
歘				
歊				

159

	繁体	小篆	金文	甲骨文
歇				
歃				
歌	*謌			
歎				
歔				
歛				
歡				
风	風			
飏	颺			
飐	颭			
飑	颮			
颶	颶、*䬓			
飔	颸			
飕	颼			
飖	颻			
飗	飀			

	繁体	小篆	金文	甲骨文
飘	飄、飃			
飙	飆、*飈 *飇			
夂				
殴	毆			
段				
殷	*慇			
殺				
彀				
毂	轂			
毁	*燬、*譭			
殿				
縠				
穀	榖			
毅				
觳				
鷇				

	繁体	小篆	金文	甲骨文
文				
刘	劉			
吝	*恡			
忐				
斋	齋、*斈			
紊				
斌				
斓	斕			
方		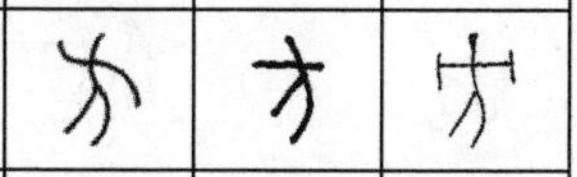		
邡				
放		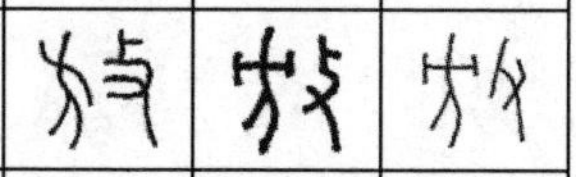		
於				
施				
旁				
㫃				
旌				

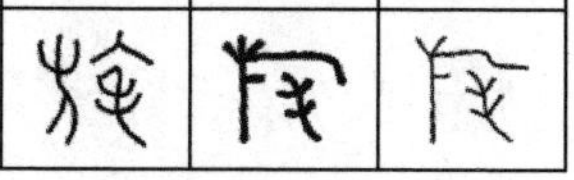

	繁体	小篆	金文	甲骨文
旐		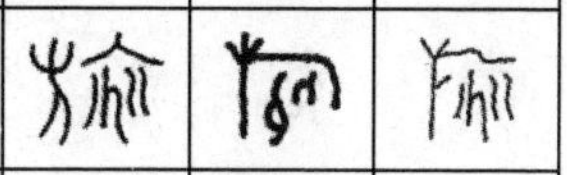		
旅		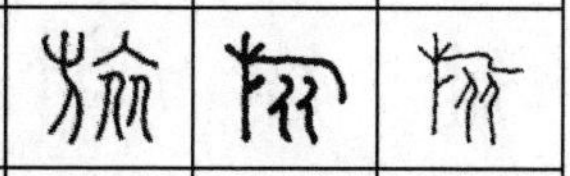		
游				
旌				
族				
旒				
旋	鏇			
旇				
旒				
旗	*旂			
旖				
籏				
火				
灰		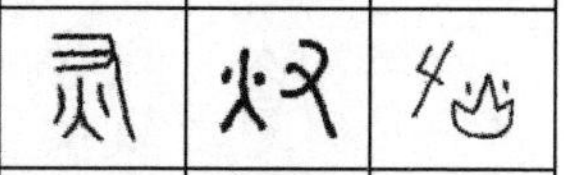		
灯	燈	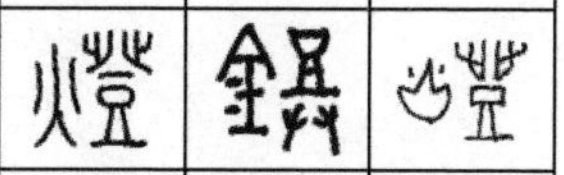		
炙				

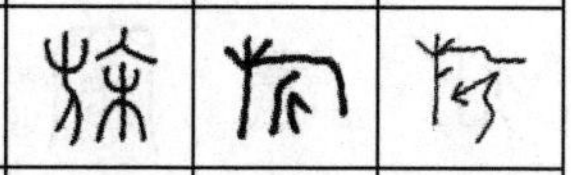

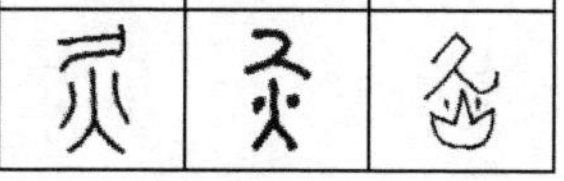

	繁体	小篆	金文	甲骨文		繁体	小篆	金文	甲骨文
灶	竈				炕	*匟			
灿	燦				炎				
灼					炉	爐、*鑪			
炟	*焙				炔				
炀	煬				炯				
炙					炳				
炜	煒				炻				
烟	熰				炼	煉、*鍊			
炬					炟				
炖	*燉				畑				
炒					炽	熾			
炘					炯	*烔			
炌					炸	*煠			
炝	熗				烀				
炊					焩				
炆					烁	爍			

	繁体	小篆	金文	甲骨文		繁体	小篆	金文	甲骨文
炮	*砲、*礮				烨	爗、*爆			
炷					烩	燴			
炫	*衒				烙				
烂	爛				烊				
烃	烴				焯	燀			
烤					烬	燼			
烘					烫	燙			
烜					焐				
烆					焊	*釬、*銲			
烦	煩				焗				
烧	燒				焃				
烛	燭				焓				
炯					焕				
烟	*菸、*煙				烽				
烶					焖	燜			
烺					烷				

	繁体	小篆	金文	甲骨文
煨				
焗				
焌				
焚				
煛				
焯				
焜				
燃				
焰	*燄			
焞				
焙				
燀	燀			
焱				
煲				
煤				
煁				

	繁体	小篆	金文	甲骨文
煳				
熭				
熅				
煋				
煜				
煟				
煓				
煆				
煌				
煊				
煸				
煺	*煺、*㹠			
煣				
熄				
熘				

	繁体	小篆	金文	甲骨文		繁体	小篆	金文	甲骨文
熇					燧				
熔					燊				
煽					燚				
烔					燏				
熛					燥				
熳					燹				
熜					爆				
熵					燽				
熠					燿	*燷			
熨					爌				
燎					爔				
燋					爟				
燠					爧				
燔					爝				
燔					爨				
燃					点	點			

	繁体	小篆	金文	甲骨文
热	熱			
烈				
烝				
寿	壽			
煮	*鬻			
然				
煦				
照	*炤			
煞				
煎				
熬				
熙	*熙、*熙			
熏	*燻			
熊				
熟				
燕	*鷰			

	繁体	小篆	金文	甲骨文
斗	鬥、*鬦 *鬪、*鬬			
斜				
斞				
斲				
斠				
户				
启	啓、*啟 *启			
所	*听			
戾				
肩				
房				
戽				
居				
扁				
扃				
扅				

	繁体	小篆	金文	甲骨文		繁体	小篆	金文	甲骨文
宸					偬				
扇	*搧				怨				
扈					急				
扉					总	總、*縂			
雇	*僱				怒				
戾					怼	懟			
心					恝				
忑					恚				
志					恐				
忘					恶	惡、噁			
忍					恩	*恩			
态	態				恁				
忠					恋	戀			
怂	慫				恣				
忽					恕				
怎					悬	懸			

167

	繁体	小篆	金文	甲骨文		繁体	小篆	金文	甲骨文
患					慧				
悠					慧				
您					愁	愁			
恿	*恿、*慂				憋				
甚					憨				
惠					慰				
惑					憩	*憇			
惩	懲				懇				
想					棼				
感					懋				
愚					懑	懣			
愁					戀	戀			
愆	*諐				忆	憶			
慈					忉				
愍	*惛				忖				
慝					忏	懺			

	繁体	小篆	金文	甲骨文
忙				
忾	憮			
忮				
怀	懷			
怄	慪			
忧	憂			
忳				
忡	*懂			
忤	*牾			
忾	愾			
怅	悵			
忻				
忪				
怆	愴			
忺				
怀				

	繁体	小篆	金文	甲骨文
忱				
快				
忸				
怔				
怯				
怙				
怵				
怖				
怦				
怗				
怛				
怏				
性				
怍				
怕				
怜	憐			

169

	繁体	小篆	金文	甲骨文		繁体	小篆	金文	甲骨文
怊	懢				恻	惻			
怩					恬				
佛					恤	*卹、*邮、*賉			
怊					恰				
怿	懌				恂				
怪	*恠				恪				
怡					恔				
恸	慟				恼	惱			
恃					恽	惲			
恒	*恆				恨				
恓					恑				
恹	懨、*懕				悖	*誖			
恢					悚				
恍	*怳				悟				
恫	*痌				悭	慳			
恺	愷				悄				

	繁体	小篆	金文	甲骨文
悍	*扞			
悝				
悃	*綑			
悒				
悔				
悯	憫			
悦				
悌				
恨				
悛				
情				
恓	恓、*悥			
悢				
悻				
惜				
惭	惭、*慙			

	繁体	小篆	金文	甲骨文
悱				
悼				
悄				
惧	懼			
惕				
恍				
惘				
悸				
惟				
惆				
惛				
惚				
惊	驚			
惇	*憞			
惦				
悴	*顇			

	繁体	小篆	金文	甲骨文		繁体	小篆	金文	甲骨文
惮	憚				愣				
惔					愀				
悰					愎				
惋					惶				
惨	慘				愧	*媿			
惙					愉				
惯	慣				愔				
愤	憤				愃				
慌					慨	*嘅			
惰					愫				
恫					惛				
愠					慑	懾、*慴			
惺					慎	*昚			
愦	憒				慥				
愕					慆				
惴					慊				

172

	繁体	小篆	金文	甲骨文		繁体	小篆	金文	甲骨文
懂					憺				
慓					懈				
慢					懔	*懍			
慷	*忼				懦				
慵					懵	*懜			
憻					忝				
憭					恭				
憬					隳				
憔	*瘶、*顦				毋				
懊					母				
憧					每				
憎					姆				
憕					毒				
憨					毓				
懒	懶、*嬾				示				
憾					祟				

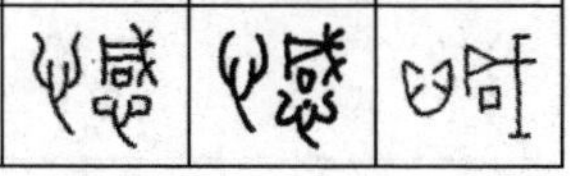

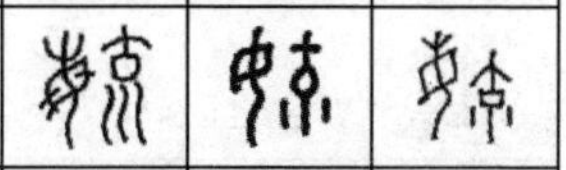

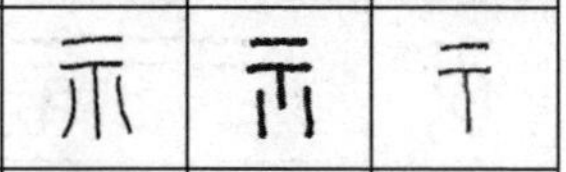

	繁体	小篆	金文	甲骨文		繁体	小篆	金文	甲骨文
祭					祛				
禁					祐				
礼	禮				祐				
祁					祐				
礽					祓				
社					祖				
祀	*禩				神				
祸	禍				祝				
袄					祚				
祎	禕				祇				
祉					祢	禰			
视	視、*眎 *眡				祕				
祈					祠				
祇					祯	禎			
祋					祧				
祊	*繠				祥				

174

	繁体	小篆	金文	甲骨文
祷	禱			
祸	禍、*旤			
褆				
祾				
祺				
祼				
禅	禪			
禄				
禊				
福				
禋				
禔				
禘				
褖				
禛				
禚				

	繁体	小篆	金文	甲骨文
禰				
禧				
禳				
甘				
邯				
某				
嚕				
石				
矶	磯			
研				
矼				
砍				
矽				
矾	礬			
矿	礦、*鑛			
砀	碭			

	繁体	小篆	金文	甲骨文		繁体	小篆	金文	甲骨文
码	碼				飑	颮			
耆					硖				
研					砝				
砄					砹				
砖	磚、*塼 *甎				砵				
砗	硨				砸				
砑					砺	礪			
砘					砰				
砒					砧	*碪			
砌					砠				
砂					砷				
泵					砸				
砚	硯				砟				
斫	*斱、*斲 *斵				砼				
砭					砥				
砍					砾	礫			

176

	繁体	小篆	金文	甲骨文
硅				
砬	*磖			
砣				
础	礎			
破				
硁	硜、*硜			
啙	礜			
砮				
砮				
砏				
硅				
碤				
磋				
硒				
硕	碩			
磁	礠			

	繁体	小篆	金文	甲骨文
硖	硤			
硗	磽			
硐				
硊	磴			
硚	礄			
硇	*硇			
硫				
硌				
硍				
砦				
硬				
硵	磠			
硝				
硪				
确	確、*塙 *碻			
硫				

177

	繁体	小篆	金文	甲骨文
碃				
碛	磧			
碏				
硝				
碍	礙			
碘				
碓				
碑				
硼				
碉				
碈				
碎				
碚				
碰	*掽、*踫			
䃅	磾			
碇	*矴、*椗			

	繁体	小篆	金文	甲骨文
硿				
碗	*椀、*㼝 *盌			
碌	*磟			
碜				
碧				
碶				
碡				
碟				
碴	*𨰾			
碱	*堿、*鹻 *鹼			
[illegible]				
𥕢	礥			
碣				
碨				
[illegible]				
碳				

	繁体	小篆	金文	甲骨文
碲				
磋				
磁				
碹				
碥				
磕				
磊				
磔				
磙				
磅				
磏				
碾				
磉				
磐				
磬				
磡				

	繁体	小篆	金文	甲骨文
磺				
⿰石曹				
礤				
磲				
磹				
礃				
礁				
磻				
礅				
磷	*粦、*燐			
磴				
礞				
礓				
礌				
⿰石喿				
⿰石蔡				

	繁体	小篆	金文	甲骨文		繁体	小篆	金文	甲骨文
礓					黹				
礴					黼				
礳					目				
礵					盯				
龙	龍				盱				
垄	壟、*垅				盲				
龚	龔				省				
砻	礱				眄				
聋	聾				眍	瞘			
龛	龕				盹				
袭	襲				眇	*眇			
詟	讋				眈	眈			
业	業				眊				
邺	鄴				盼				
凿	鑿				盼				
棠					眨				

	繁体	小篆	金文	甲骨文
眴				
眈				
眉				
眬	矓			
眩				
眠				
眙				
眢				
眶				
眭				
眦	*眥			
眺	*覜			
眵				
睁				
眯	*瞇			
眼				

	繁体	小篆	金文	甲骨文
睟				
眷	*睠			
睒	*睒			
睐	睞			
睄				
睎				
睑	瞼			
睇				
睆				
睃				
督				
睛				
睹	*覩			
睦				
睖				
瞄				

	繁体	小篆	金文	甲骨文
睚				
睫				
晰	皙			
睡				
睨				
睢				
睥				
睬	*保			
睿	*叡			
瞅	*䁙、*瞅			
瞍				
瞂	瞂			
瞇				
瞀				
瞌				
瞒	瞞			

	繁体	小篆	金文	甲骨文
瞋				
瞎				
瞑				
瞟				
瞠				
瞰	*矙			
瞥				
瞫				
瞭				
瞧				
瞬				
瞳				
瞵				
瞩	矚			
瞪				
瞻				

	繁体	小篆	金文	甲骨文
田				
町				
男				
畀				
畎				
畏				
毗	*毘			
胃				
畋				
畈				
界				
畇				
思				
畖				
畛				
畔				

	繁体	小篆	金文	甲骨文
留	*畱、*畄 *畱			
畜				
畦				
時				
略	*畧			
累	纍			
畴	疇			
畯				
畨				
畸				
畹				
繆				
疃				
嬲				
罍				
罗	羅			

183

	繁体	小篆	金文	甲骨文		繁体	小篆	金文	甲骨文
罘					罳				
罚	罰、*罸				罶	*罪			
罜					罹				
罢	罷				羁	羈、*羇			
罟					罽				
罝					罾				
罦					皿				
罭					盂				
署					盅				
置	*寘				盈				
罨					盏	盞、*琖、*醆			
罪	*辠				盐	鹽			
罩					盍	*盇			
蜀					监	監			
罴	羆				盎				
罱					益				

	繁体	小篆	金文	甲骨文
盉				
盛				
盗				
盟				
盏				
盐				
盥				
盩				
蠿				
生				
青				
牲				
甦				
甥				
矢				
知				

	繁体	小篆	金文	甲骨文
矩	*榘			
矧				
矫	矯			
短				
矬				
矮				
雉				
矰				
矱				
禾				
利				
秃				
秀				
私				
秆	*稈			
和	*龢、*咊			

185

	繁体	小篆	金文	甲骨文		繁体	小篆	金文	甲骨文
季					秧				
委					盉				
秬					秩				
秕	*粃				称	稱			
秒					秘	*祕			
种	種				秸	*稭			
秭					稆	*穭			
秋	鞦、*烁 *穤				秽	穢			
科					移	*迻			
秦					稞	穦			
乘	*乗、*椉				稠				
秼					稍				
秌					程				
秤					稌				
租					稀				
积	積				稃				

	繁体	小篆	金文	甲骨文
税				
粮				
稑				
稙				
稞				
稚	*稺、*穉			
稗	*粺			
稔				
稠				
穆	穆			
稳	穩			
積				
稽				
稷				
稻				
稿	*稾			

	繁体	小篆	金文	甲骨文
稼				
穑	穡			
穆				
穄				
穗	*繐			
樸				
種				
稼				
穰				
白				
乧				
皂	*皁			
皃				
帛				
的				
皇				

187

	繁体	小篆	金文	甲骨文
泉				
皈				
皋	*皐、皐			
皝				
皑	皚			
皎				
皓	*暠、*皜			
皖				
皙				
魄				
皠				
皞				
晶				
皤				
皦				
皭				

	繁体	小篆	金文	甲骨文
瓜				
瓞				
瓠				
瓢				
瓤				
鸟	鳥			
鸠	鳩			
鸬	鴣			
鸥	鷗			
鸽	鴿			
鸨	鴇			
鴂	鴃			
鸩	鴆、*酖			
鸪	鴣			
鸫	鶇			
鸬	鸕			

188

	繁体	小篆	金文	甲骨文
鸭	鴨			
鸮	鴞			
鸯	鴦			
鸰	鴒			
鸥	鷗			
鸱	鴟			
鸵	鴕			
鸳	鴛			
鸲	鸜			
鸴	鷽			
鸶	鷥			
鸷	鷙			
鸹	鴰			
鸽	鴿			
鸾	鸞			
鸡	鷄			

	繁体	小篆	金文	甲骨文
鸡	鷄、*鷄			
鸦	鴉			
鸨	鴇			
鸪	鴣			
鹂	鸝			
鹃	鵑			
鸪	鴣			
鹅	鵝、*鷔 *鵞			
鸳	鸃			
鹇	鷴			
鹈	鵜			
鹉	鵡			
鹊	鵲			
鹄	鵠			
鹤	鶴			
鸥	鷗、*鷗			

	繁体	小篆	金文	甲骨文		繁体	小篆	金文	甲骨文
鹎	鵯				鹜	鶩			
鸽	鴿				鹂	鸝			
鹑	鶉				鹝	鷊			
鹒	鶊				鹟	鶲			
鸩	鴆				鹠	鶹			
鹔	鷫				鹡	鶺			
鹕	鶘				鹢	鷁			
鸥	鷗				鹣	鶼			
鹇	鷳				鹤	鶴			
鹍	鵾				鹥	鷖			
鹖	鶡				鹦	鸚			
鹗	鶚				鹧	鷓			
鸳	鴛				鸷	鷙			
鸒	鸒				鹨	鷚			
鸬	鸕、*鷥				鹩	鷯			
鹏	鵬				鹪	鷦			

190

	繁体	小篆	金文	甲骨文
鹬	鷸			
鹭	鷺			
鹬	鷸			
鹲	鸏			
鹭	鷺			
鹃	鵑			
骧	驤			
鹯	鸇			
鹛	鶥			
鹳	鸛			
鹬	鷸			
疔				
疗	療			
疖	癤			
疟	瘧			
疠	癘			

	繁体	小篆	金文	甲骨文
疝				
疙				
疚				
疡	瘍			
病	癏			
疣	*胧			
疥				
疯	瘲			
疮	瘡			
疯	瘋			
疫				
痰				
疤				
症	癥、*證			
疳				
疴	*痾			

	繁体	小篆	金文	甲骨文
病		病	病	病
痁		痁	痁	痁
疸		疸	疸	疸
疽		疽	疽	疽
疻		疻	疻	疻
疾		疾	疾	疾
痄		痄	痄	痄
疹		疹	疹	疹
痈	癰	癰	癰	癰
疼		疼	疼	疼
疱	*皰	疱	疱	疱
疰		疰	疰	疰
痃		痃	痃	痃
痂		痂	痂	痂
疲		疲	疲	疲
痉	痙	痙	痙	痙

	繁体	小篆	金文	甲骨文
痔		痔	痔	痔
痏		痏	痏	痏
痍		痍	痍	痍
痓		痓	痓	痓
疵		疵	疵	疵
痊		痊	痊	痊
痎		痎	痎	痎
痒	癢	痒	痒	痒
痕		痕	痕	痕
痣		痣	痣	痣
痨	癆	癆	癆	癆
痦	*疡	痦	痦	痦
痘		痘	痘	痘
痞		痞	痞	痞
瘌		瘌	瘌	瘌
痤		痤	痤	痤

	繁体	小篆	金文	甲骨文		繁体	小篆	金文	甲骨文
痪					瘦				
痫	癎				瘩	*瘩			
痧					瘌				
痛					瘗	瘞			
瘃					瘟				
痱	*疿				瘦				
痹	*痺				瘊				
痼					瘥				
痴	*癡				瘘	瘘、*瘺			
痿					瘕				
痍					瘙				
瘁					瘛				
瘀					瘼				
瘅	癉				瘵				
痰					瘭	瘭、*瘪			
瘆	瘮				瘢				

	繁体	小篆	金文	甲骨文		繁体	小篆	金文	甲骨文
瘤	*瘤				瘟				
瘠					癔				
瘫	癱				瘢				
㾒					癖				
瘭					癣	癬			
瘰					癫	癲			
瘿	癭				瘅				
瘵					立				
瘴					产	產			
癃					妾				
癮	癮				竖	竪、*豎			
瘸					亲	親			
瘳					竑				
癍					飒	颯、*颷			
癌					站				
癫	癲				竟	競			

194

	繁体	小篆	金文	甲骨文
竘				
竫				
翊				
竦				
童				
竣				
靖				
竭				
端				
穴				
究				
穷	窮			
空				
帘	簾			
穸				
穹				

	繁体	小篆	金文	甲骨文
突				
穿				
窀				
窃	竊			
窆				
窍	竅			
窅				
窄				
窊				
窎				
窝	窩			
窈				
窒				
窑	*窰、*窯			
窕				
窜	竄			

195

	繁体	小篆	金文	甲骨文
窝	窩			
窖				
窗	*窗、*牎、*牕、*囱			
窘				
窥	窺、*闚			
窦	竇			
窠				
窄				
窟				
窬	*踰			
窨				
窭	窶			
窳				
窸				
窿				
窾				

	繁体	小篆	金文	甲骨文
骨				
蚤				
蛋				
楚				
疐	*寘			
疏	*疎			
皮				
皱	皺			
鞁	鞁			
颇	頗			
皴				
癸				
登				
凳	*櫈			
矛				
柔				

	繁体	小篆	金文	甲骨文		繁体	小篆	金文	甲骨文
矜	*䅑				耧	樓			
喬					構				
蟊					耨	*鎒			
耒					耪				
籽					耰				
耕	*畊				耱				
耘					耥				
耖					老				
耗					耆				
耙	*耰				耄				
耜					耋				
耠					考	*攷			
耢	耢				孝				
耤					者				
耥					耇	*耈			
耦					耳				

	繁体	小篆	金文	甲骨文		繁体	小篆	金文	甲骨文
耵					聚				
耶					聩	聵			
取					聪	聰			
耻	*恥				聱				
耿					臣				
耽	*躭				卧	*臥			
聂	聶				臧				
耸	聳				西				
职	職				要				
聘	*聠				栗	*慄			
聆					贾	賈			
聊					票				
聍	聹				覃				
聒					粟				
联	聯				覆				
聘					而				

198

	繁体	小篆	金文	甲骨文		繁体	小篆	金文	甲骨文
耐					顑	頔			
彤					领	領			
耍					颈	頸			
恧					颉	頡			
鸸	鴯				颊	頰			
页	頁、*簟				颢	顥			
顶	頂				颋	頲			
顺	順				颔	頷			
顽	頑				颌	頜			
顾	顧				颖	穎			
顿	頓				颍	潁			
颁	頒				颏	頦			
颂	頌				颡	顙			
颃	頏				额	額			
预	預				颐	頤			
颅	顱				频	頻			

	繁体	小篆	金文	甲骨文		繁体	小篆	金文	甲骨文
颓	頹、*穨				颢	顥			
颔	頷				颡	顙			
颖	穎、*頴				颤	顫			
颋	頲				颥	顬			
颗	顆				颦	顰			
颅	顱				颧	顴			
题	題				至				
颐	頤				到				
颚	顎				郅				
颛	顓				致	緻			
颜	顔				臻				
额	額、*頟				虏	虜、*虜			
颙	顒				虐				
颠	顛				虔				
颟	顢				虑	慮			
颢	顥				虚				

200

	繁体	小篆	金文	甲骨文
虞				
虎				
虓				
彪				
號				
麟				
虫	蟲			
虬	*虯			
虮	蟣			
蛋	蕫			
虷				
虹				
虾	蝦			
虼				
虻	*蝱			
蚁	蟻、*螘			

	繁体	小篆	金文	甲骨文
蚜				
蚂	螞			
蚤				
蚩	蠿			
蚕	蠶			
蚌	*蜯			
蚨				
蚜				
蚍				
蚋				
蚬	蜆			
蚝	*蠔			
蚧				
蚡				
蚣				
蚊	*蟁、蟲			

	繁体	小篆	金文	甲骨文		繁体	小篆	金文	甲骨文
蚄					蛉				
蚪					蛏				
蚓					蛇	*虵			
蚆					蜓	蝬			
蚶					蛃				
蛄					蛮				
蜗					蛰	蟄			
蛎	蠣				蛙	*黾			
蚱					蛺	蛺			
蛛	蝀				蛲	蟯			
蛆					蛭				
蚰					蛳	螄			
蚺					蛐				
蛊	蠱				蛔	*蚘、*痐 *蛕、*蛕			
蚲					蛛				
蚯					蜒				

	繁体	小篆	金文	甲骨文		繁体	小篆	金文	甲骨文
蛞					蜍				
蜓					蜉				
蛤					蜂	*蠭、*蠭			
蛴	蠐				蛲				
蛟					蜕				
蛘					蛹				
蜱					蜻				
蛮	蠻				蜞				
蜇					蜡	蠟、*蜡			
蛐					蜥				
蛸					蚁	*魁			
蜈					蜾				
蜎					蝈	蟈			
蜗	蝸				蜴				
蛾					蝇	蠅			
蜊					蜘				

	繁体	小篆	金文	甲骨文
蜱				
蜩				
蜷	*踡			
蝉	蟬			
蜿				
螂	*蜋			
蜢				
蜑				
蝽				
蝶	*蜨			
䗖	螮			
蝾	蠑			
蝴				
蝻				
蝘				
蝲				

	繁体	小篆	金文	甲骨文
蝠				
蝰				
蝎	*蠍			
蝌				
蝮				
螋				
蝗				
蝓				
蝣				
蝼	螻			
蝤				
蝙				
蝥				
螯				
螓				
螨	蟎			

繁体	小篆	金文	甲骨文		繁体	小篆	金文	甲骨文
蟒				螺				
蟆	*蟇			蟋				
蝘				蟑				
蛸				蟀				
蝐				蠹				
螭				蟢				
螗				蟛				
螃				蟪				
蜒				蟫				
蜋				蟓				
蝥				蟠				
蟥				蟮				
蟏	蠨			蠖				
螬				蠓				
螵				蠋				
螳				蟾				

205

	繁体	小篆	金文	甲骨文
蠊				
蟹	*蠏			
蟻				
蠕	*蝡			
蠢	*惷			
蠡				
蠹	*蠧、蠧			
蠼	*蠷			
肉				
胬				
胾				
骴				
脔	臠			
缶				
缸	*瓺			
缺				

	繁体	小篆	金文	甲骨文
铏				
罂	罌、*甖			
罄				
罅				
罐	*鑵、*鑵			
舌				
乱	亂			
刮	颳			
敌	敵			
舐				
甜				
鸹	鴰			
辞	辭、*辤			
舔				
竹				
竺				

	繁体	小篆	金文	甲骨文
竿				
竽				
笈				
笃	篤			
笄				
笕	筧			
笔	筆			
笑	*咲			
笊				
第				
笏				
笋	*筍			
笆				
笺	箋、*牋 *椾			
笱				
笨				

	繁体	小篆	金文	甲骨文
笪				
笼	籠			
笪				
笛				
笙				
笮	*筰			
符				
笥				
笠				
笤				
第				
笈				
笞				
笳				
笾	籩			
笸				

207

	繁体	小篆	金文	甲骨文			繁体	小篆	金文	甲骨文
筐						筋	*劤			
笙						筝				
等						筹	籌			
笿	*箷					笋				
筑	築					箦	簀			
策	*筴、策					筘				
笔	筆					筠				
筛	篩					笆				
筜	簹					筮				
筥						箕				
筒	*箭					筲	*箾			
筅	*筅					箦	簀			
筏	*栰					笘				
筵						筱	*篠			
筌						签	籤、籖			
答	*荅					简	簡			

	繁体	小篆	金文	甲骨文		繁体	小篆	金文	甲骨文
筷					箙				
笼					箪	簞			
筐					箔				
箐					管	*筦			
簧	簀				箜				
箧	篋				箢				
箍					箫	簫			
箸	*筯				箓	籙			
篴	擇				篸	篸			
箕					箱				
箬	*篛				箴				
𥴨					簧	簀			
筳					篇				
算	*祘				篁				
算					篌				
箩	籮				篓	簍			

	繁体	小篆	金文	甲骨文
箭				
篇				
篨				
篆				
篝				
簏				
箓				
篮	籃			
篡	*篡			
钱	錢			
篷				
箟				
篾	*笐、*篾			
篷				
篙				
篱	籬			

	繁体	小篆	金文	甲骨文
簕				
簧				
簌				
箋				
簃				
箢				
簏				
簇				
斷	斷			
簋				
箮				
簝				
簪	*簪			
簿	*簿			
籩				

	繁体	小篆	金文	甲骨文
箝				
簸				
籁	籟			
簿				
籍				
纂	*簒			
籧				
籭				
籥				
籪				
臼				
舀				
舁				
舂				
舄				
舅				

	繁体	小篆	金文	甲骨文
自				
臬				
臭				
息				
血				
衃				
衄	*衂、*䶊			
衅	釁			
舟				
舠				
舡				
舢				
舣	艤、*檥			
舭				
舯				
舰	艦			

211

	繁体	小篆	金文	甲骨文
舨				
舱	艙			
般				
航				
舫				
舥				
舸				
舻	艫			
舳				
盘	盤			
舴				
舶				
舲				
船	*舩			
⿰舟鸟	䑼			
舷				
舵				
舾				
艇				
艄				
艅				
艉				
艋				
艘				
艎				
艏				
艚				
艟				
艨				
色				
艳	艷、*豔 *豓、*艶			
艴				

	繁体	小篆	金文	甲骨文			繁体	小篆	金文	甲骨文
齐	齊					初				
剂	劑					衬	襯			
齑	齏					衫				
衣						祝				
袤	褭、*嫋 *褭、*嬝					袆	褘			
袋						衲				
袈						衽	*袵			
裁						袄	襖			
裂						衿				
装	裝					袂				
裘						袜	襪、*韤 *韈			
裔						袪				
裟						袒	*襢			
裳						袖				
襞						衿				
补	補					袍				

213

	繁体	小篆	金文	甲骨文		繁体	小篆	金文	甲骨文
祥					裥	襉			
被					裙	*帬、裳			
袯	襏				襀	襀			
袺					裱				
裆	襠				褂				
袄					褚				
袷					裸	*躶、臝			
袼					裼				
裈	褌				裨				
裉	*褃				裾				
裋					裰				
褛	褸				褡				
裎					褙				
裣	襝				褐				
裕					襁	襁			
裤	褲、*袴				褓	*緥			

	繁体	小篆	金文	甲骨文
褕				
褛	樓			
褊				
褪				
褥				
褴	襤			
褟				
褫				
褲				
褙				
褶	*褔			
襆				
襕	襴			
襁				
褓	*繦			
襟				

	繁体	小篆	金文	甲骨文
襜				
襦				
襪				
襪				
襄				
攀				
羊				
群	*羣			
羌	*羗、*羗			
差				
羖	*羒			
羞				
羝				
着				
羚				
羝				

	繁体	小篆	金文	甲骨文		繁体	小篆	金文	甲骨文
羥	羥				糵				
翔					米				
羧					类	類			
鲞	鮺				籼	*籼			
羯					籽				
羰					娄	婁			
羱					籹				
美					粉				
羑					料				
姜	薑				粑				
羔					粝	糲			
恙					粘				
盖	蓋				粗	*觕、*麤 *麄			
羕					粕				
羨					粒				
義					粜	糶			

216

	繁体	小篆	金文	甲骨文
粱				
粪	糞			
粞				
粲				
粳	*秔、粇 *稉			
粮	糧			
粱				
精				
粿				
粼				
粹				
粽	*糭			
糁	糝、*籸			
糊	*粘、*餬			
糌				
糇	*餱			

	繁体	小篆	金文	甲骨文
糌				
糍	*餈			
糈				
糅				
精				
糙				
糗				
糖	*餳、*醣			
糕	*餻			
糟	*蹧			
糠	*秔、*穅			
糨	*糡			
糯	*稬、*穤			
聿				
肄				
肇	*肇			

	繁体	小篆	金文	甲骨文		繁体	小篆	金文	甲骨文
肃	肅				翯				
㸐					翟				
垦	墾				翠				
恳	懇				翦				
羽					翩				
羿					翱	*翶			
翃	*㺵				翯				
翀					翳	*瞖			
翂					翼				
翈					翻	*繙、*飜			
翖					翰				
翎					翔				
翌					翻				
翘	翹、*竵				翾				
翔	翽				素				
翚	翬				索				

Left table:

	繁体	小篆	金文	甲骨文
紧	緊、*緐 *緊			
絜				
絷	縶			
紫				
絮				
綦				
綮				
繄				
繁	*緐			
纠	糾、*糺			
纡	紆			
红	紅			
纣	紂			
纤	縴、纖			
纥	紇			
纠	紃			

Right table:

	繁体	小篆	金文	甲骨文
约	約			
纨	紈			
级	級			
纩	纊			
纪	紀			
纫	紉			
纬	緯			
纭	紜			
纮	紘			
纯	純			
纰	紕			
纱	紗			
纲	綱			
纳	納			
纴	紝、*絍			
纵	縱			

	繁体	小篆	金文	甲骨文		繁体	小篆	金文	甲骨文
纶	綸				绅	紳			
纷	紛				细	細			
纸	紙、*帋				织	織			
纹	紋				绹	綯、*裰			
纺	紡				终	終			
绛	絳				缲	繰			
统	統				绊	絆			
绉	縐				绋	紼			
纽	紐				绌	絀			
纾	紓				绍	紹			
线	綫、*線				绎	繹			
绀	紺				经	經			
继	繼、*継				绐	紿			
绂	紱				绑	綁			
练	練				绒	絨、*毧 *羢			
组	組				结	結			

	繁体	小篆	金文	甲骨文		繁体	小篆	金文	甲骨文
绮	綺				绠	綆			
绘	縫				绹	綢			
绕	繞、*遶				缅	纚			
经	経				绡	綃			
绲	綱				绢	絹			
绖	絰				绱	縞			
绽	綻				绣	綉、*繡			
绗	絎				绤	綌			
绘	繪				绤	綌			
给	給				绥	綏			
绚	絢				绦	縧、*條、*縚			
绛	絳				继	繼			
络	絡				绨	綈			
绝	絶				综	綜			
绞	絞				绩	績			
统	統				绩	績、*勣			

	繁体	小篆	金文	甲骨文		繁体	小篆	金文	甲骨文
绪	緒				绸	綢、*紬			
绫	綾				绹	綯			
緅	緅				绺	綹			
綝	綝				综	綜			
续	續				绰	綧			
绮	綺				绻	綣			
绯	緋				综	綜			
绰	綽				绽	綻			
绡	綃、*鞘				绾	綰			
绲	緄				绿	綠			
绳	繩				缀	綴			
绥	緌				缁	緇			
维	維				缂	緙			
绵	綿、*緜				缃	緗			
绶	綬				缄	緘、*械			
绷	繃、*繃				缅	緬			

	繁体	小篆	金文	甲骨文		繁体	小篆	金文	甲骨文
缆	纜				缙	縉、*縉			
缇	緹				缜	縝			
绨	綈				缚	縛			
缉	緝				缛	縟			
缊	縕				缝	縫			
缌	緦				缞	縗			
缎	緞				缟	縞			
线	線				缠	纏			
缑	緱				缡	縭、*褵			
缒	縋				缢	縊			
缓	緩				缣	縑			
缔	締				缤	繽			
缕	縷				缥	縹			
编	編				缦	縵			
缗	緡				缧	縲			
缘	緣				缨	纓			

	繁体	小篆	金文	甲骨文		繁体	小篆	金文	甲骨文
缤	繽				缬	纈			
缩	縮				缰	繮			
缪	繆				缵	纘			
缫	繅				纕	纕			
缬	纈				麦	麥			
缭	繚				麸	麩、*粰 *麬			
缮	繕				麴	麯、*麹			
缯	繒				走				
缰	繮、*韁				赴				
缱	繾				赵	趙			
缲	繰、*𦈎				赳				
缳	繯				赶	趕			
缴	繳				趄				
缵	繸				起				
缡	縭				越				
纁	纁				趄				

	繁体	小篆	金文	甲骨文		繁体	小篆	金文	甲骨文
趁	*趂				赭				
趋	趨				糖				
超					豆	*荳			
趔					刭	*劅			
趑					豇				
趏					豉				
趣					䜴				
趟					豌				
趯					酉				
趱	趲				酊				
赤					酐				
郝					酎				
赦					酌				
赧					配				
赪	赬				酏				
赫					酝	醞			

	繁体	小篆	金文	甲骨文
酞				
酕				
酬				
酚				
酣				
酤				
酢				
酥				
酡				
酸	醱			
酮				
酰				
酯				
酩				
酪				
酬	*酧、*詶 *醻			

	繁体	小篆	金文	甲骨文
醲	醲			
酱	醬			
酵				
酽	醶			
酺				
酾	醨			
醒				
酷				
酶				
酴				
酵				
酿	釀			
酸	*痠			
醋				
醌				
醄				

	繁体	小篆	金文	甲骨文
醇	*醕			
醉				
醅				
醁				
酸				
醛				
醐				
醍				
醒				
醚				
醑				
醢				
醨				
醪				
醭				
醮				

	繁体	小篆	金文	甲骨文
醯				
醸				
醴				
醺				
醽				
醾				
辰				
辱				
唇	*脣			
蜃				
豕				
豢				
豨				
猭	豵			
豭				
卤	卤、滷			

227

	繁体	小篆	金文	甲骨文		繁体	小篆	金文	甲骨文
嵯	嵯				距				
里	裏、*裡				趾				
野	*埜、壄				跃	躍			
足					跄	蹌			
疋	疌				践	踐			
趸					跙	*躆			
歰					跋				
疐					跌				
蹙					跗				
躄	*蹩				跖				
趴					跞	躒			
趵					跚				
趿					跑				
趼					跎				
趺					跏				
跂					跛				

228

	繁体	小篆	金文	甲骨文
跆				
踇				
跬				
跱				
跨				
跋	蹳			
跷	蹺、*蹻			
跸	躍			
趾				
踅				
跣				
趸	躔			
跳				
跺	*踩			
跪				
路				

	繁体	小篆	金文	甲骨文
跻	躋			
跤				
跟				
踌	躊			
踉				
踽				
踊	踴			
踏				
踦				
踧				
踔				
踝				
踢				
踏				
踟				
踒				

	繁体	小篆	金文	甲骨文		繁体	小篆	金文	甲骨文
踬	躓				蹀				
踩	*跴				蹄	*蹏			
跕	*踮				蹉				
踣					蹁				
踯	躑				蹂				
踪	*蹤				蹑	躡			
躇					蹒	蹣			
踞					蹋				
蹰					蹈				
蹀					蹊				
蹅					蹓				
踶					蹐				
踹					蹶				
踵					蹯				
踽					蹭	*蹡			
蹐	蹺				蹦				

230

	繁体	小篆	金文	甲骨文
蹢				
蹹				
蹰	*躕			
蹶	*蹙			
蹽				
蹼				
蹯				
蹴	*蹵			
蹬	*蹙			
蹲				
蹭				
蹿	躥			
蹬				
躁				
躅				
躏	躪			

	繁体	小篆	金文	甲骨文
躔				
躐				
躜	躦			
躞				
邑				
邡				
邙				
邦	*邫			
邢				
邨				
邠				
邬	鄔			
那				
邴				
邳				
邶				

	繁体	小篆	金文	甲骨文
邮	郵			
邱				
邻	鄰、*隣			
邸				
邹	鄒			
邲				
郀				
邵				
邠				
邰				
邽				
邿				
䢼				
郁	鬱、*欝 *鬰			
郏	郟			
邾				
郈				
郐	鄶			
郃				
郄				
郇				
郊				
郑	鄭			
郎				
郓	鄆			
𬩽	鄩			
郚				
郦	酈			
郢				
郧	鄖			
郜				
郗				

	繁体	小篆	金文	甲骨文
郢				
郡				
都				
郜				
鄝				
郫				
郭				
部				
郸	鄲			
郯				
圉				
鄄				
鄂				
郔				
鄘				
酃				

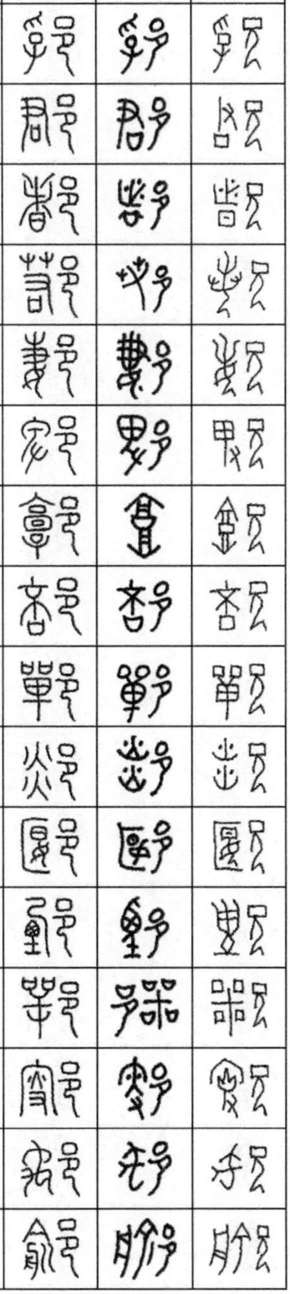

	繁体	小篆	金文	甲骨文
郿				
鄚				
鄑				
郴				
鄢				
鄞				
鄠				
鄧				
鄙				
郦				
鄣				
鄱				
鄩				
鄫				
鄹	*耶			
欝	欝			

	繁体	小篆	金文	甲骨文
霝		霝	霝	霝
豐		豐	豐	豐
鼺		鼺	鼺	鼺
鬴		鬴	鬴	鬴
身		身	身	身
射	*躲	射	射	射
躬	*躳	躬	躬	躬
躯	軀	躯	躯	躯
躲	*躱	躲	躲	躲
躺		躺	躺	躺
悉		悉	悉	悉
釉		釉	釉	釉
番		番	番	番
释	釋	释	释	释
谷	穀	谷	谷	谷
郤		郤	郤	郤

	繁体	小篆	金文	甲骨文
欲	*慾	欲	欲	欲
鸲	鴝	鸲	鸲	鸲
鵒		鵒	鵒	鵒
豂		豂	豂	豂
豁		豁	豁	豁
豸		豸	豸	豸
豺		豺	豺	豺
豹		豹	豹	豹
貙	貙	貙	貙	貙
貂		貂	貂	貂
貆		貆	貆	貆
貊		貊	貊	貊
貅		貅	貅	貅
貉		貉	貉	貉
貌		貌	貌	貌
貘		貘	貘	貘

	繁体	小篆	金文	甲骨文		繁体	小篆	金文	甲骨文
貔					觿				
龟	龜				言				
角					訄				
斛					誊	謄			
觖					誉	譽			
觞	觴				誓				
觚					謦				
觜					謦				
觟					警				
觥					譬				
触	觸				计	計			
解	*觧				订	訂			
觫					讣	訃			
觭					认	認			
觯	觶				讯	譏			
觿	*觹								

	繁体	小篆	金文	甲骨文		繁体	小篆	金文	甲骨文
讦	訐				讶	訝			
讦	訐				讷	訥			
讧	訌				许	許			
讨	討				讹	訛、*譌			
让	讓				诉	訴			
讪	訕				论	論			
讫	訖				讻	訩、*詾			
训	訓				讼	訟			
议	議				讽	諷			
讯	訊				设	設			
记	記、*𢘐				访	訪			
讱	訒				诀	訣			
讲	講				诋	諓			
讳	諱				证	證			
讴	謳				诂	詁			
讵	詎								

	繁体	小篆	金文	甲骨文		繁体	小篆	金文	甲骨文
词	詞				诓	誆			
评	評				诔	誄			
诅	詛				试	試			
识	識				诖	詿			
诇	詗				诗	詩			
诈	詐				诘	詰			
诉	訴、*愬				诙	詼			
诊	診				诚	誠			
诋	詆				诃	訶			
诣	詣				诛	誅			
词	詞、*𧥣				诜	詵			
诎	詘				话	話、*譮			
诏	詔				诞	誕			
诐	詖				诟	詬			
译	譯				诠	詮			
诒	詒				诡	詭			

	繁体	小篆	金文	甲骨文		繁体	小篆	金文	甲骨文
询	詢				诱	誘			
诣	詣				诲	誨			
诤	諍				诳	誑			
该	該				说	說			
详	詳				诵	誦			
诧	詫				诶	誒			
诨	諢				请	請			
诨	詪				诸	諸			
诩	詡				诹	諏			
诪	讀				诺	諾			
诚	誠				读	讀			
诬	誣				诼	諑			
语	語				诽	誹			
诮	誚				课	課			
误	誤、*悞				诿	諉			
诰	誥				谀	諛			

	繁体	小篆	金文	甲骨文		繁体	小篆	金文	甲骨文
谁	誰				谐	諧			
谂	諗				谑	謔			
调	調				是	諟			
诏	詔				谒	謁			
谅	諒				谓	謂			
谆	諄				谔	諤			
译	譯				搜	謏			
谈	談				谕	諭			
谊	誼				媛	諼			
谋	謀				谗	讒			
谌	諶				谙	諳			
谍	諜				谚	諺			
谎	謊				谛	諦			
谭	譚				谜	謎			
谏	諫				谝	諞			
诚	誠				谞	諝			

	繁体	小篆	金文	甲骨文
谟	謨、*暮			
谠	讜			
谡	謖			
谢	謝			
谣	謠			
谍	諜			
谤	謗			
谥	謚、*諡			
谦	謙			
谧	謐			
谨	謹			
谩	謾			
谪	謫、*讁			
谝	諞、*譞			
谬	謬			
谳	讞			

	繁体	小篆	金文	甲骨文
谭	譚			
谮	譖			
谯	譙			
谰	讕			
谱	譜			
谲	譎			
谶	讖			
谴	譴			
谵	譫			
读	讀			
谦	讛			
谶	讖			
辛				
辜				
辟	闢			

	繁体	小篆	金文	甲骨文			繁体	小篆	金文	甲骨文
辣	*辢					雨				
辨						雯				
辩	辯					雪				
辫	辮					雳	靂			
瓣						雾				
青						雯				
靓	靚					雾				
鶄	鶄					雷				
静						零				
靛						雾	霧			
乾						雹				
韩	韓					需				
戟						霆				
朝						霁	霽			
斡						震				
翰						霄				

241

	繁体	小篆	金文	甲骨文		繁体	小篆	金文	甲骨文
霉	黴				霸	*霸			
雪					露				
霖					霹				
霈					靂				
霖					非				
霏					剕				
霓	*蜺				棐				
霍					辈	輩			
霎					斐				
霜					悲				
霡					蜚				
霞					裴				
霪					翡				
霭	靄				靠				
霨					齿	齒			
霰					龀	齔			

	繁体	小篆	金文	甲骨文		繁体	小篆	金文	甲骨文
龁	齕				齼	齼			
断	斷				黾	黽			
齘	齘				鄳	鄳			
龇	齜				鼋	黿			
龃	齟				鼍	鼉			
龄	齡				隹				
龅	齙				隼				
龆	齠				隽	*雋			
龀	齜				售				
龈	齦				雄				
龉	齬				集				
龊	齪				焦				
齮	齮				雎				
龁	齯				雊				
龋	齲				雏	雛			
龌	齷				截				

	繁体	小篆	金文	甲骨文
雏				
雕	*彫、*琱 *鵰			
瞿				
雦	雥、*雧			
阜				
队	隊			
阡				
阱	*穽			
阮				
阵	陣			
阳	陽			
阪				
阶	階、*堦			
阴	陰、*隂			
防				
阽				

	繁体	小篆	金文	甲骨文
际	際			
陆	陸			
阿				
陇	隴			
陈	陳			
阽				
阻				
阼				
附	*坿			
陀				
陂				
陉	陘			
陋				
陌				
陑				
陕	陝			

	繁体	小篆	金文	甲骨文
阽	隘			
陈				
降				
阶	隮			
阂				
限				
陡				
陛				
陟				
陧				
陨	隕			
陞				
除				
险	險			
院				
陵				

	繁体	小篆	金文	甲骨文
陬				
陲				
阮				
陴				
陶				
陷				
陪				
隋				
随	隨			
隅				
隈				
隤	隤			
隍				
隗				
隃				
隆				

	繁体	小篆	金文	甲骨文		繁体	小篆	金文	甲骨文
隐	隱				銎				
隔					鏊				
隙					鎏				
隘					鏊				
障					璧				
隩					鑫				
隧					钆	釓			
隰					钇	釔			
金					针	針、*鍼			
鉴	鑒、*鉴、*鑑				钉	釘			
銎					钊	釗			
銮	鑾				钋	釙			
鏊					钌	釕			
鋆					钍	釷			
鎏					钐	釤			
鏊	鏨				钎	釺			

246

	繁体	小篆	金文	甲骨文
钏	釧			
钐	釤、*鎊 *鐥			
钓	釣			
钒	釩			
钌	釕			
钕	釹			
钖	錫			
钗	釵			
钘	鈃			
铁	鐵			
钙	鈣			
钚	鈈			
钛	鈦			
钜	鉅			
钝	鈍			
铍	鈹			

	繁体	小篆	金文	甲骨文
钞	鈔			
钟	鐘、鍾			
钡	鋇			
钢	鋼			
钠	鈉			
铱	銥			
斫	釿			
钣	鈑			
铃	錀			
铃	鈴			
钥	鑰			
钦	欽			
钧	鈞			
钨	鎢			
钩	鈎、*鉤			
钪	鈧			

	繁体	小篆	金文	甲骨文		繁体	小篆	金文	甲骨文
钫	鈁				钻	鑽、*鑚			
钬	鈥				铲	鑪			
斜	斜				钽	鉭			
钮	鈕				钼	鉬			
钯	鈀				钾	鉀			
钰	鈺				钟	鍾			
钱	錢				钿	鈿			
钲	鉦				铀	鈾			
钳	鉗、*箝 *拑				铄	鐵、*銕			
钴	鈷				铂	鉑			
钵	鉢、*盋 *缽				铃	鈴			
铄	鈇				铱	鈰			
钶	鈳				铄	鑠			
铟	鉅				铅	鉛、*鈆			
钹	鈸				铆	鉚			
钺	鉞、*戉				铈	鈰			

	繁体	小篆	金文	甲骨文		繁体	小篆	金文	甲骨文
铇	鉝				铓	鋩			
铉	鉉				锈	銹			
铊	鉈				铼	錸			
铋	鉍				铖	鍼			
铌	鈮				铗	鋏			
铝	鉊				锒	鋃			
铍	鈹				铙	鐃			
铐	鐕				铚	銍			
铎	鐸				铛	鐺			
铒	鉧				铝	鋁			
铡	鍘				铜	銅			
铧	銈				锦	錦			
铐	銬				铟	銦			
铑	銠				铠	鎧			
铒	鉺				铡	鍘			
铗	鋱				铢	銖			

	繁体	小篆	金文	甲骨文
铣	銑			
铦	銛			
铤	鋌			
铏	鉶			
铤	鋋			
铧	鏵			
铨	銓			
铢	銖			
铪	鉿			
铫	銚			
铭	銘			
铬	鉻			
铮	錚			
铯	銫			
铰	鉸			
铱	銥			

	繁体	小篆	金文	甲骨文
铲	鏟、*剷			
铳	銃			
锡	錫			
铵	銨			
银	銀			
铷	銣			
铸	鑄			
铹	鐒			
锗	鍺			
铥	銩			
铼	錸			
铺	鋪、*舖			
铻	鋙			
铼	錬			
铽	鋱			
链	鏈、*鍊			

	繁体	小篆	金文	甲骨文
铿	鏗			
销	銷			
锁	鎖、*鏁			
锃	鋥			
锄	鋤、*鉏、*耡			
锂	鋰			
销	銷			
锅	鍋			
锆	鋯			
锇	鋨			
锈	銹、*鏽			
锉	銼、*剉			
锊	鋝			
锋	鋒			
锌	鋅			
铳	銃			

	繁体	小篆	金文	甲骨文
锏	鐗			
锏	鐧			
锐	銳			
锑	銻			
铉	鉉			
银	銀			
镀	鍍			
铜	銅			
锕	錒			
锖	錆			
锗	鍺			
锳	鍈			
错	錯			
锘	鍩			
锚	錨			
镁	鎂			

	繁体	小篆	金文	甲骨文
锛	錛			
锜	錡			
锝	鍀			
锞	錁			
锟	錕			
锡	錫			
锢	錮			
锣	鑼			
锤	錘、*鎚			
锥	錐			
锦	錦			
锧	鑕			
锨	鍁、*杴 *楸			
锪	鍃			
镎	錞			
锫	錇			

	繁体	小篆	金文	甲骨文
锩	錈			
锬	錟			
铍	鈹			
锭	錠			
锒	鋃			
键	鍵			
锯	鋸			
锰	錳			
锱	錙			
锲	鍥			
锗	鍺			
锴	鍇			
锶	鍶			
锷	鍔			
锤	鎚			
锹	鍬、*鍫			

	繁体	小篆	金文	甲骨文		繁体	小篆	金文	甲骨文
锺	鍾				镆	鏌			
锻	鍛				镇	鎮			
锼	鎪				镈	鎛			
锽	鍠				锝	鍀			
镍	錄				镉	鎘			
镞	鏃				锐	鑟			
锾	鍰				镌	鐫、*鐫			
锹	鏉				镍	鎳			
锿	錖				镎	錜			
镀	鍍				镏	鎦			
镁	鎂				镏	鎦			
镂	鏤				镐	鎬			
镃	鎡				镑	鎊			
镄	鐨				镒	鎰			
锴	鍇				镓	鎵			
镊	鑷				镔	鑌			

	繁体	小篆	金文	甲骨文		繁体	小篆	金文	甲骨文
镕	鎔				镢	鐝			
镨	鐯				镣	鐐			
镨	鐯				镁	鎂			
镇	鎮				镖	鏢			
镖	鏢				镭	鐳			
镗	鏜				镥	鑥			
镘	鏝				镦	鐓			
镛	鏰				镧	鑭			
镛	鏞				错	錯			
镜	鏡				镪	鏹			
镝	鏑				镈	鑮			
镞	鏃				镲	鑔			
镦	鏉				镔	鑌			
镠	鏐				镪	鏹			
镐	鎬				镫	鐙			
镡	鐔				镩	鑹			

254

	繁体	小篆	金文	甲骨文		繁体	小篆	金文	甲骨文
镢	钁				鲀	魨			
镭	鐳				鲁	魯			
镮	鐶				鲂	魴			
镯	鐲、*鋜				鲃	魮			
镰	鐮、*鎌 *鐮				鲅	鮁			
镱	鐿				鲆	鮃			
镲	鑔				鲇	鮎、*鯰			
镳	鑣				鲈	鱸			
镴	鑞				鲉	鮋			
镵	鑱				鲊	鮓			
镶	鑲				稣	穌			
镢	钁				鲋	鮒			
鱼	魚				鲌	鮊			
鱽	魛				鲫	鯽			
鲃	魢				鲍	鮑			
鱿	魷				鲍	鮑			

	繁体	小篆	金文	甲骨文
鮀	鮀			
鮁	鮁			
鮐	鮐			
鲎	鱟			
鮆	鮆			
鮭	鮭			
鮚	鮚			
鮪	鮪			
鲕	鮞			
鲖	鰤			
鮦	鮦			
鲗	鰂			
鮨	鮨			
鲙	鱠			
鮡	鮡			
鮑	鮑			

	繁体	小篆	金文	甲骨文
鲚	鱭			
鮫	鮫			
鲜	鮮、*鱻 *尠、*尟			
鮟	鮟			
鲟	鱘、*鱏			
鲞	鯗、*鮝			
鲠	鯁、*骾			
鲡	鱺			
鲢	鰱			
鲣	鰹			
鲋	鮒			
鲤	鯉			
鮸	鮸			
鲦	鰷			
鲧	鯀、*鮌			
鲩	鯇			

	繁体	小篆	金文	甲骨文
鲲	鯤			
鲫	鯽			
鲬	鯒			
鲨	鯊			
鲭	鯖			
鲮	鯪			
鲯	鯕			
鲰	鯫			
鲱	鯡			
鲲	鯤			
鲳	鯧			
鲴	鯛			
鲵	鯢			
鲷	鯛			
鲸	鯨			
飑	颮			

	繁体	小篆	金文	甲骨文
鲹	鯵			
鲻	鯔			
鳍	鰭			
鳎	鰃			
鲽	鰈			
鰊	鰊			
鲾	鰏			
鰊	鰊			
鳣	鱛			
鳀	鯷			
鳁	鰮			
鳃	鰓			
鳃	鰓			
鳄	鰐、*鱷			
鳅	鰍、*鰌			
鳗	鰻			

257

	繁体	小篆	金文	甲骨文		繁体	小篆	金文	甲骨文
鳇	鰉				鳗	鰻			
鲦	鯮				鲦	鰷			
鲔	鮄				鳒	鰜			
鯿	鯿				鳙	鱅			
鱻	鱻				鲥	鰣			
鳌	鰲、*鼇				鳛	鰼			
鳍	鰭				鳌	鰲、*鼇			
鳎	鰯				鱚	鱚			
鳏	鰥				鳜	鱖			
鳐	鰩				鳝	鱔、*鱓			
鲂	鲂				鳞	鱗			
鲢	鰱				鳟	鱒			
鳖	鱉				鳠	鱯			
鲥	鰣				鳡	鱤			
鳔	鰾				鳢	鱧			
鳕	鱈				鳣	鱣			

	繁体	小篆	金文	甲骨文		繁体	小篆	金文	甲骨文
鳝	鱔				勒				
鳣	鱣				鞋	*鞵			
隶	隶、*隸 *隸				靰	韃			
革					鞒	鞽			
勒					鞍	*鞌			
靬					鞘				
靰					鞓				
靸					鞔				
靴	*鞾				鞡				
靳					鞞				
靶					鞠				
靺					鞚				
靼					鞬				
鞅					鞯	韉			
鞑					鞨				
鞁					鞮				

	繁体	小篆	金文	甲骨文
鞨				
鞭				
鞞				
鞠				
鞜	*鞦			
鞣				
韝				
鞴				
韇				
面	麵、麪 *靣			
勔				
靦	靦			
韭	*韮			
骨				
骭				
骱				

	繁体	小篆	金文	甲骨文
骰				
骷				
骶				
鹘	鶻			
骺				
骼				
骸				
髁				
髀				
髃				
髅	髏			
骿				
髋	髖			
髌	髕			
髎				
髓				

	繁体	小篆	金文	甲骨文		繁体	小篆	金文	甲骨文
髑					魍				
香					魋				
馣					魖				
馣					食				
馧					飨	饗			
馥					餐	*湌、湌			
馨					饕				
鬼					饔				
魂	*㩻				钉	飣			
魁					饥	飢、饑			
魅					饦	飥			
魃					饧	餳			
魈					饨	飩			
魍	魎				饩	餼			
魉					饪	飪、*餁			
魏					饫	飫			

261

	繁体	小篆	金文	甲骨文		繁体	小篆	金文	甲骨文
饧	餳				饻	餏			
饭	飯				饼	餅			
饮	飲、*歠				饽	餑			
饯	餞				𫗧	餗			
饰	飾				饾	餖			
饱	飽				饿	餓			
饲	飼、*飤				馀	餘			
饳	飿				馁	餒			
饴	飴				馂	餕			
饵	餌				馃	餜			
饶	饒				馄	餛			
蚀	蝕				馅	餡			
饷	餉、饟				馆	館、*舘			
饸	餄				馇	餷			
饹	餎				餲	餲			
饺	餃				馈	饋、*餽			

	繁体	小篆	金文	甲骨文
馅	餡			
馊	餿			
馋	饞			
馐	饈			
馍	饃、*餻			
馎	餺			
馏	餾			
馑	饉			
馓	饊			
馒	饅			
馓	饊			
馔	饌、*籑			
馕	饘、*飦			
馕	饟			
音				
章				

	繁体	小篆	金文	甲骨文
竟				
歆				
韵	*韻			
意				
韶				
赣	贛、*韻、*灨			
首				
馗				
馘	*聝			
髡	*髠			
髦				
髦				
髯	*髥			
髻				
鬏				
髭				

	繁体	小篆	金文	甲骨文		繁体	小篆	金文	甲骨文
髹	*髤				翮				
髳					鬴				
髺					鬵	鬵			
髽					鬷				
鬃	*騣、*鬘 *騌				鬻				
鬎					高				
鬆					郜				
鬐					敲				
鬒	*顛				膏				
鬘	鬒				黄				
鬟					黇				
鬠					黉	黌			
鬣					麻	*蔴			
鬲	*䰜				磨				
鶛	鷊				摩				
融	*蝸				麾				

264

	繁体	小篆	金文	甲骨文			繁体	小篆	金文	甲骨文
磨						麕				
糜	*糜					麝				
縻						麟	*麐			
靡						鼎				
魔						鼐				
鹿						鼒				
鄜						黑				
麁						墨				
麗						默				
麏	*麤					黔				
塵						黜				
麋						黝				
麓						黛				
麒						點				
麀						黟				
麈						黢				

	繁体	小篆	金文	甲骨文		繁体	小篆	金文	甲骨文
黩	黷				鼣				
黥	*剠				鼬				
黔	黔				鼩				
黎					鼧				
黯					鼯				
黵					鼱				
黍					鼹	*鼴			
黏					鼷				
鼓	*皷				鼻				
瞽					劓				
鼖					鼽				
鼛					鼾				
鼟					鼩				
鼠					齁				
鼢					齇	*齈			
鼫					齉				

266

	繁体	小篆	金文	甲骨文
龠				

	繁体	小篆	金文	甲骨文
龢				

附：汉字部首古今对照书法

（有些古文字的部首有多种写法，在此只列其中一种。）

	备注	小篆	金文	甲骨文		备注	小篆	金文	甲骨文
（1画）					几				
一					亠				
乙					冫				
（2画）					冖				
十					讠	言			
厂					凵				
匚					卩				
刂					阝	（在左）阜			
卜					阝	（在右）邑			
冂					刀				
八					力				
人					又				
亻					厶				
勹					廴				
儿					**（3画）**				
匕					干				

	备注	小篆	金文	甲骨文
工				
土				
才				
卄	艸			
寸				
廾				
大				
兀				
尢				
弋				
小				
巛				
口				
囗				
山				
巾				

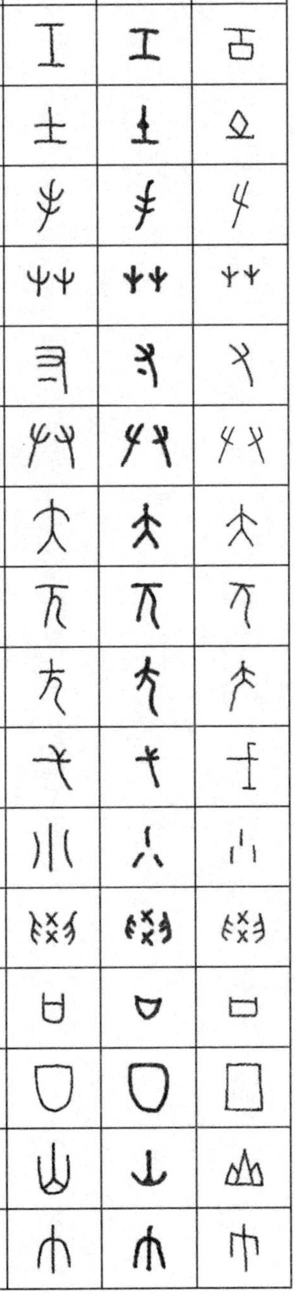

	备注	小篆	金文	甲骨文
彳				
彡				
犭	犬			
夕				
饣	食			
屮				
广				
门	門			
氵	水			
忄	心			
宀				
辶				
彐				
尸				
己				
巳				

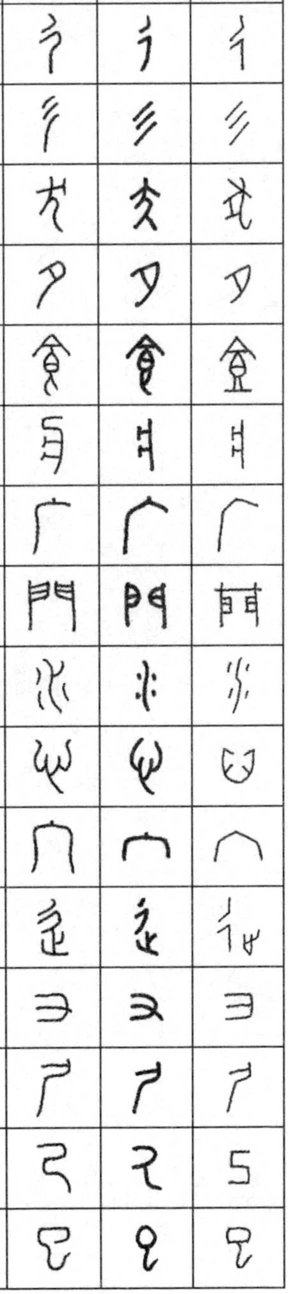

	备注	小篆	金文	甲骨文
弓				
子				
女				
飞	飛			
马	馬			
纟	糸			
幺				
巛				

（4画）

王				
无				
韦	韋			
屮				
木				
支				
歹				

	备注	小篆	金文	甲骨文
车	車			
牙				
戈				
比				
瓦				
止				
攴				
日				
曰				
贝	貝			
见	見			
牛	牛			
手				
气				
毛				
长	長			

270

	备注	小篆	金文	甲骨文
片		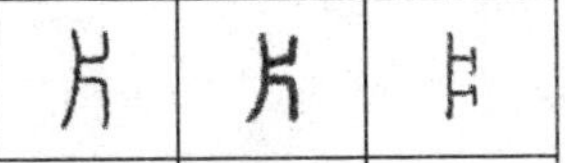		
斤		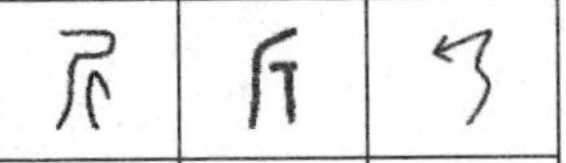		
爪				
父				
⺤				
月				
氏		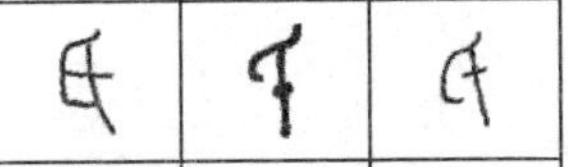		
欠				
风	風			
殳				
文				
方				
火	灬			
斗				
户		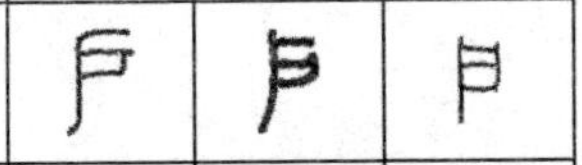		
礻	示	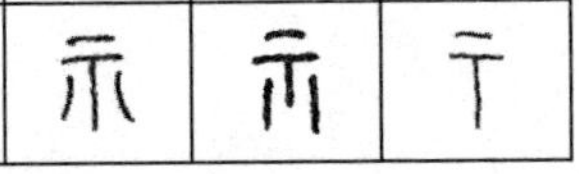		

	备注	小篆	金文	甲骨文
毋				
（5画）				
玉		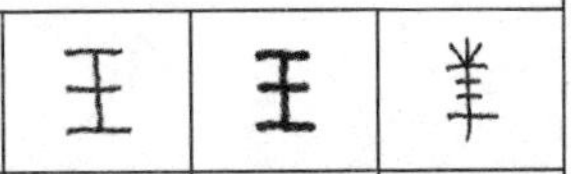		
甘		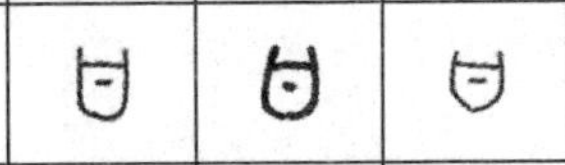		
石				
龙	龍	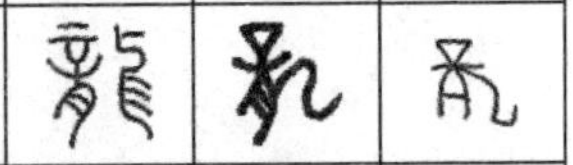		
业	業			
目				
田				
罒				
皿				
钅	金			
生				
矢				
禾				
白				

	备注	小篆	金文	甲骨文		备注	小篆	金文	甲骨文
瓜					页	頁			
鸟	鳥				至				
疒					虍				
立					虫				
穴					肉				
疋					缶				
皮					舌				
癶					竹	竹			
矛					臼				
（6画）					自				
耒					血				
老					舟				
耳					色				
臣					齐	齊			
西					衣				
而					羊				

	备注	小篆	金文	甲骨文
米				
聿				
艮				
羽				
（7画）				
麦	麥			
走				
赤				
豆				
酉				
辰				
豕				
卤	鹵			
里				
足				
身				

	备注	小篆	金文	甲骨文
采				
谷				
豸				
龟	龜			
角				
辛				
（8画）				
青				
卓				
雨	霝			
非				
齿	齒			
黾	鼁			
隹				
鱼	魚			
隶				

273

	备注	小篆	金文	甲骨文
（9画）				
革				
面				
韭				
骨				
香				
鬼				
音				
首				
（10画）				
髟				
鬲				
鬥				
高				
（11画）				
黄				

	备注	小篆	金文	甲骨文
麻				
鹿				
（12画）				
鼎				
黑				
黍				
（13画）				
鼓				
鼠				
（14画）				
鼻				
（17画）				
龠				